Rat des Vaters an seinen Sohn Julius Sturm

Du wanderst in die Welt hinaus
auf dir noch fremden Wegen;
doch folgt dir aus dem stillen Haus
der treusten Liebe Segen.

Ein Ende nahm das leichte Spiel,
es naht der Ernst des Lebens;
behalt im Auge fest dein Ziel,
geh keinen Schritt vergebens !

Gerader Weg, gerades Wort,
So will`s dem Mann gebühren;
wer Ehre sich erwählt zum Hort,
den kann kein Schalk verführen.

Nimm auf die Schultern Last und Müh,
mit frohem Gottvertrauen
und lerne, wirkend spät und früh,
den eignen Herd zu bauen !

Halt hoch das Haupt, was dir auch droht,
und werde nie zum Knechte;
brich mit den Armen gern dein Brot
und wahre seine Rechte !

Treib nicht mit heil`gen Dingen Spott
und ehre fremden Glauben
und laß dir deinen Herrn und Gott
von keinem Zweifler rauben !

Und nun ein letzter Druck der Hand
und eine letzte Bitte:
Halt dich getreu in fremden Land
zu deines Volkes Sitte !

In glücklichen Momenten lobe Gott,

in schwierigen Momenten suche Gott,

in stillen Momenten bete zu Gott,

in schmerzlichen Momenten vertraue Gott,

jeden Moment danke Gott.

1. Januar

Erwarte nicht vom ersten Tag
des neuen Jahres gleich zu viel!
Du weißt nicht wie er's treiben mag,
es bleibt oft beim alten Spiel

2. Januar

ICH BRAUCHE NUR EINEN

Ich brauche nur *Einen*, der mit mir geht
durch Licht und Schatten, durch Freude und Leid.
Ich brauche nur *Einen*, der mich versteht,
dann trägt mein Dasein ein Sonntagskleid.

Ich brauche nur *Einen*, der um mich bangt,
der gut zu mir ist und lieb zu mir spricht.
Ich brauche nur *Einen*, der nach mir verlangt,
der streichelt mein Haar. -
Den *Einen* nur - mehr brauche ich nicht.

CHRISTUS   *A. u.*

Wenn du niedergeschlagen bist, wird Gott dich wieder aufrichten.

(Siehe Psalm 146, 9)

4. Januar

Freu dich!
Gott erfüllt seine Zusagen.
Lass dich durch nichts
vom Gebet abbringen.

(Siehe Römer 12, 12)

5. Januar

6. Januar

Alles
musst du nicht wissen.
Vieles
kannst du wieder vergessen.
Manches aber
solltest du dir merken.
Damit du's weißt,
wenn du nicht weiter weißt.

Du bist gewollt.
Du bist begnadet.
Du bist geliebt.

Von Gott.

7. Januar

Keiner hat Zeit. Wenigstens nicht für mich.
Überall suche ich ein Ohr. Und finde doch nur einen Mund.
Einen, der selber erzählen möchte und nicht zuhören.

Keiner hat Zeit. - Einer hat Ewigkeit. Gott.

Der schaut nie auf die Uhr.
Ist nie mit seinen Gedanken woanders.
Hängt nie noch dem letzten Gespräch nach.
Hat nie ein „Der Nächste bitte" auf den Lippen.
Ist Tag und Nacht zu sprechen.
Von jedem Punkt des Universums aus.

Er ist da. Ist jetzt da. Ist jetzt für dich da.

Wo? Da, wo du bist. Sprich ihn an.

Gott ist immer nur ein Gebet weit von dir entfernt.

8. Januar

Alles muss man dreimal sagen!
Du hörst deine Mutter, deinen Vater. Hattest wieder mal nicht zugehört. Wieder mal das Zimmer nicht aufgeräumt. Wieder mal die Hausaufgaben vergessen. Wieder mal den Tisch nicht abgedeckt. Jetzt aber los! Alles muss man dreimal sagen.
So stellst du dir auch Gott vor. Der Aufpasser aus dem Himmel. Der, dem du ja doch nie was Recht machen kannst. Du sollst, du sollst nicht. Du darfst, du darfst nicht.
Aber Gott ist keine genervte Mutter, kein gereizter Vater. Gott sagt: Ich liebe dich. Und damit du`s nicht überhörst und nicht vergisst, sagt er`s immer wieder. Dreimal mindestens.
Ich liebe dich. Ich liebe dich. Ich liebe dich.
Kaum zu glauben. Kaum zu glauben?
Fühl ihm auf den Zahn. Mach dich schlau. Lies nach. Bibel, Neues Testament. Markusevangelium. Eine Liebesgeschichte steht da. Seine Liebesgeschichte mit Dir.

9. Januar

Ich wünsche dir Kraft
auf deinem Weg,
Kraft aus der Höhe
und Kraft aus der Tiefe.
Damit du deine Berufung spürst
und deinen Schritten traust.
Ich wünsche dir Mut
auf deinem Weg,
Mut zum Hören
und zum Stillwerden,
damit du dir treu bist,
wenn du sprichst
und wenn du handelst.

10. Januar

»Rate den Mitbürgern nicht das Angenehmste, sondern das Beste.«

11. Januar

Bleib nicht bei der Vergangenheit stehen!

Schau nach vorn!

PS.: Ich schaffe Neues. Und es hat schon begonnen! Merkst du es nicht? – Gott

www.gott.net

12. Januar

„Zufriedenheit mit seiner Lage ist der größte und sicherste Reichtum."

Cicero

13. Januar

Herr, wir bitten:
Komm und segne uns;
lege auf uns deinen Frieden.

Segnend halte Hände
über uns.

Rühr uns an
mit deiner Kraft.

PETER STRAUCH

14. Januar

Du darfst wissen,
du bist einmalig,
unverwechselbares
Original.

Du darfst wissen,
es ist gut so,
wie du bist
mit deiner Begabung
und deinen
Begrenzungen.

Du darfst wissen,
für alle Schuld
und alles Versagen
gibt es Versöhnung.

Du darfst wissen,
deine Zukunft
liegt in guten,
starken Händen.

Du darfst wissen,
ein Gespräch
mit Gott
gibt neue
Kräfte und
Perspektiven.
Gott ist da;
näher
als die Luft,
die dich
umgibt.
Jakob Abrell

15. Januar

Sage *JA* zu den Überraschungen,

die deine Pläne durchkreuzen,
deine Träume zunichte machen,
deinem Tag eine ganz andere Richtung geben –
ja vielleicht deinem Leben.

Sie sind nicht Zufall.

Lass dem himmlischen Vater die Freiheit,
selber den Verlauf deiner Tage zu bestimmen.

HELDER CAMARA

16. Januar

Wer im eigenen Leben keinen Sinn findet und keine Werte, die es zu schützen lohnt, wer keine Perspektive und keine Ziele hat – dem gilt auch das Leben anderer nur wenig.

Johannes Rau, 8. dt. Bundespräsident

17. Januar

Vertrauen

Ich sagte zu dem Engel,
der an der Pforte stand:
Gib mir ein Licht, damit ich sicheren Fußes
der Ungewissheit entgegengehen kann.

Aber er antwortete:
Geh nur hin in die Dunkelheit,
und lege deine Hand in die Hand Gottes!
Das ist besser als ein Licht
und sicherer als ein bekannter Weg.

aus China

18. Januar

Was bei den Menschen unmöglich ist,

das ist bei Gott möglich.

Lukas 18,27

19. Januar

Man muss nicht alles
an einem Tag fertig haben wollen.

Teresa von Avila

Dezember

20. Januar

Die Kunst des Ausruhens
ist ein Teil der Kunst des
Arbeitens.

John Steinbeck

21. Januar

Wenn man die Natur
wahrhaft liebt, so findet man
es überall schön.

Vincent van Gogh

22.   Januar

Auch der erste Schritt
gehört zum Weg.

Arthur Schnitzler

23. Januar

Unsere Hauptaufgabe ist nicht zu sehen, was unscharf in der Ferne liegt, sondern zu tun, was unmittelbar vor uns liegt.

Thomas Carlyle

24. Januar

Juli

Das wichtigste Stück des Reisegepäcks ist und bleibt ein fröhliches Herz.

Hermann Löns

25. Januar

Was wäre das Leben,
hätten wir nicht den Mut,
etwas zu riskieren?

Vincent van Gogh

26. Januar

Die Kraft der Liebe ist unwiderstehlich.
Die Liebe ist es, die wirklich die Welt voranbringt.

Papst Benedikt XVI.

Euch ist es

Nicht möglich.

Mir schon.

Gott

27. Januar

Gott kennt den ganzen Weg,
    wir wissen nur den nächsten Schritt
und das letzte Ziel.

Dietrich Bonhoeffer

Ich

gebe Dir

soviel Du brauchst.

Gott

28. Januar

Glücklich ist,
wer nicht lebt wie Menschen,
die von Gott nichts wissen wollen.
Er ist wie ein Baum,
der nah am Wasser steht,
der Frucht trägt und dessen
Blätter nie verwelken.

29. Januar

Gott

Johannes Hansen

Gott ist lange tot...

„Gott ist lange tot, wusste der junge Mann. Seltsam, wunderte sich der alte Pater: Vor einer Stunde sprach ich noch mit ihm." Mit dieser kurzen Szene bringt Lothar Zenetti die „Gottesfrage" auf den Punkt. Die Skepsis eines jungen Menschen und das elementare Gottvertrauen eines alten Christen zeigen die Spannung, die überall um uns zu spüren ist. Oft auch in uns selbst. Beides ist da, es ist gut, es zu wissen und sich dem auszusetzen. »weiterlesen

30. Januar

Petra C. Harring

Wie der Glaube wächst

Rund vier Jahre war ich alt, da hat sich meine Mutter abends an mein Bett gesetzt. Sie hat meine kleinen Hände in ihre Hände genommen, sie umschlossen und wir haben gebetet. So richtig habe ich es nicht verstanden, was da vor sich gegangen ist und auch nicht so genau auf ihre Worte geachtet, so fasziniert war ich von unseren Händen. Ganz geborgen hab' ich mich im halbdunklen Zimmer, in meinem warmen Bett gefühlt, die Hände in denen meiner Mutter. Sicher hat sie mir auch- so gut sie es konnte – erklärt, was es mit dem lieben Gott auf sich hat. Doch mehr als alles, was sie mir erklärt hat, ist mir das geblieben, was ich gefühlt habe: Gott, bei dem kann ich mich so geborgen fühlen, wie bei meiner Mutter. »weiterlesen

31. Januar

Nimm dir Zeit,
freundlich zu sein -
es ist der Weg
zum Glück.

1. Februar

Nimm dir Zeit
zu lachen -
das ist die Musik
für die Seele.

2. Februar

Nimm dir Zeit
zum Träumen,
das ist der Weg
zu den Sternen.

3. Februar

Nimm dir Zeit,
zu lieben und
geliebt zu werden -
es ist der
wahre Reichtum
des Lebens.

4. Februar

Wenn der Tag sich neigt, möge er dich als zufriedenen Menschen sehen.

5. Februar

Möge der Regen an den Fensterscheiben dich nicht von deinen guten Vorsätzen abhalten.

6. Februar

Mögest du in
deinem Herzen
dankbar bewahren die
kostbare Erinnerung
der guten Dinge
in deinem Leben.

7. Februar

Mögest du
Weggefährten haben,
die mit dir ein Stück
des Weges teilen auf
der langen Reise durch
das Abenteuer Leben.

8. Februar

Möge es dir gelingen,
jenen Ort deiner Seele
zu erreichen, wo dich
ein Überfluss an Liebe,
Wärme, Nähe und
Vergebung erwartet.

9. Februar

Gott schenkt dir
das Gesicht.
Lächeln musst
du selbst.

Weisheiten aus Irland

10.   Februar

Freunde sind wie Laternen
auf einem langen Weg.
Sie machen ihn nicht kürzer –
aber manchmal etwas heller...

11.   Februar

12. Februar

13.   Februar

»Es ist von grundlegender Bedeutung, jedes Jahr mehr zu lernen als im Jahr zuvor.«

Sir Peter Ustinov

14.   Februar

15.   Februar

Auch wenn alle einer Meinung sind, können alle Unrecht haben.

Bertrand Russel 1872-1970 engl Philosoph

16.   Februar

Die Liebe allein
versteht das
Geheimnis, andere zu
beschenken und dabei
selbst reich zu werden.

Clemens Brentano

17.   Februar

Heilig soll dem Menschen die Stätte sein, wo er geboren ist, und ehrwürdig bleiben das, woran seine Kindheit erwuchs.

Ernst Moritz Arndt

18.   Februar

Lass die Fremde
Dir zur Heimat,
doch die Heimat
nie zur
Fremde werden !

19.   Februar

Wohl dem,
der seiner Väter
gern gedenkt.

Goethe

20.   Februar

„der stunden schlag
vertropft in ewigkeiten,
er mahnt dich ob des daseins
kurze frist –
es stehn der'wunder tausend
an der'pfade seiten,
dein aug' erspäht sie
wenn dein herz geöffnet ist."

21.   Februar

Menschen zu finden, die mit uns fühlen und empfinden, ist wohl das schönste Glück auf Erden.

(Carl Spitteler)

St

22.   Februar

Man sollte nicht an dem zweifeln,
was man tut,
sondern darüber nachdenken
was man will,
ohne Angst vor dem,
was daraus werden könnte!!

23. Februar

Welche Lebensträume hast du? Was wünscht du dir von ganzem Herzen? Es tut gut, mit seinen Gedanken und Plänen an der frischen Luft spazieren zu gehen. Vielleicht wirst du zu neuen Entdeckungen angeregt, die dich weiterbringen

24. Februar

Lebenskünstler ist, wer seinen Sommer so erlebt, dass er ihm noch den Winter wärmt

25. Februar

Der Sommer ist eine herrliche Zeit! Sammeln wir die wärmenden Sonnenstrahlen im Herzen und legen uns einen Vorrat wunderbarer Glücksmomente zu, die uns an kälteren Tagen von innen wärmen

26. Februar

Den Alltag anhalten und den Augenblick genießen, die Gegenwart mit allen Sinnen spüren und erleben. Auch wenn die Natur weit draußen vor der Stadt liegt, nach unseren Bedürfnissen zu leben, das können wir immer und überall versuchen

27.   Februar

Glück ist, sich von der Sonne die Nase kitzeln zu lassen. Sieht es mit dem Wetter einmal nicht so prächtig aus, können wir mit leckeren Gerüchen nachhelfen. Es bringt uns auf andere Gedanken

28. Februar

29. Februar

MIT GELD KANNST DU:

ein HAUS kaufen,

aber keine HEIMAT.

1.März

Mit Geld kannst Du:

eine UHR kaufen,

aber keine ZEIT.

2. März

Mit Geld kannst Du:

ein BETT kaufen,

aber keinen SCHLAF.

3. März

Mit Geld kannst Du:

ein BUCH kaufen,

aber kein WISSEN.

4. März

Mit Geld kannst Du:

einen Arzt besuchen, aber

keine GESUNDHEIT kaufen.

5. März

Mit Geld kannst Du:

eine POSITION erkaufen,

aber keinen RESPEKT.

6. März

Mit Geld kannst Du:

BLUT kaufen,

aber kein LEBEN.

7. März

Mit Geld kannst Du:

SEX kaufen,

aber keine LIEBE.

8. März

Liebe schwärmt
auf allen Wegen,
Treue wohnt für
sich allein.
Liebe kommt uns
rasch entgegen,
aufgesucht
will Treue sein.

9. März

Lerne dulden
und ertragen,
lerne lieben
und entsagen,
lerne vergessen
und vergeben
und du hast
erlernt das Leben.

10. März

Wir haben gelernt,

wie die Vögel zu fliegen

und wir haben gelernt,

wie die Fische

zu schwimmen,

11. März

aber die

meisten Menschen

haben die einfache

Art verlernt,

wie gute Brüder

zusammen zu leben.

12. März

Das Kind

ist eine sichtbar

gewordene Liebe.

13. März

Nichts ist seltener
als ein Mensch
den man immer
um sich
ertragen kann.

14. März

Hoffen ist das Warten auf den Regenbogen.

15. März

Man sollte nicht
auf Dinge warten,
die man selbst
möglich
machen kann.

16. März

Ein froher Sinn
ist wie ein Frühling.
Er öffnet die Blüten
der menschlichen
Natur.

17. März

Ein Finanzgenie ist ein Mann,
der sein Geld schneller verdient,
als seine Familie es ausgeben kann.

18. März

Zitat des Tages:

Heute machen wir mal gar nichts. Wir machen zwar sonst auch nichts, aber heute nehmen wir uns auch nichts vor.

19. März

Mit einem Menschen,

der nur Trümpfe hat,

kann man nicht Kartenspiele

20. März

Es gibt auf der Welt

kaum ein schöneres Übermaß

als das der Dankbarkeit.

21. März

Ein Leben ohne Freunde
ist wie eine weite Reise
ohne Gasthaus.

22. März

Den tiefen Frieden
im Rauschen der Wellen,
den wünsche ich dir.
Den tiefen Frieden
im schmeichelnden Wind,
den wünsche ich dir.
Den tiefen Frieden
über dem stillen Land,
den wünsche ich dir.
Den tiefen Frieden
unter den leuchtenden Sternen,
den wünsche ich dir.
Den tiefen Frieden
vom Sohne des Friedens,
den wünsche ich dir.

Aus Irland

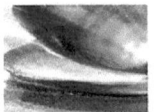 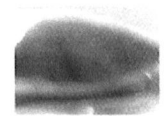 

23. März

*I*mmer sollte
in uns die Stille sein,
die nach der Ewigkeit hin
offensteht und horcht.

Romano Guardini

24. März

Es macht den Wert
und das Glück
des Lebens aus,
in etwas Größerem aufzugehen,
als man selbst ist.

Pierre Teilhard de Chardin

25. März

Lass die Liebe
in deinem Herzen wurzeln,
und es kann nur
Gutes daraus hervorgehen.

Aurelius Augustinus

26. März

Versuche nie die Gefühle eines
anderen zu verletzen, denn
Gefühle sind aus Glas! Wenn Sie
zerbrechen, zerschneiden Sie
die Seele...

27. März

Versuche nicht die Vergangenheit rückgängig zu machen, denn verschüttetes Wasser ist schwer zu sammeln

28. März

Manchmal hasst man den
Menschen am stärksten,
den man am meisten
liebt. Denn er ist der
einzige, der einem weh
tun kann!

29. März

Gott gab uns Zeit, von Eile
hat er nichts gesagt!

30.März

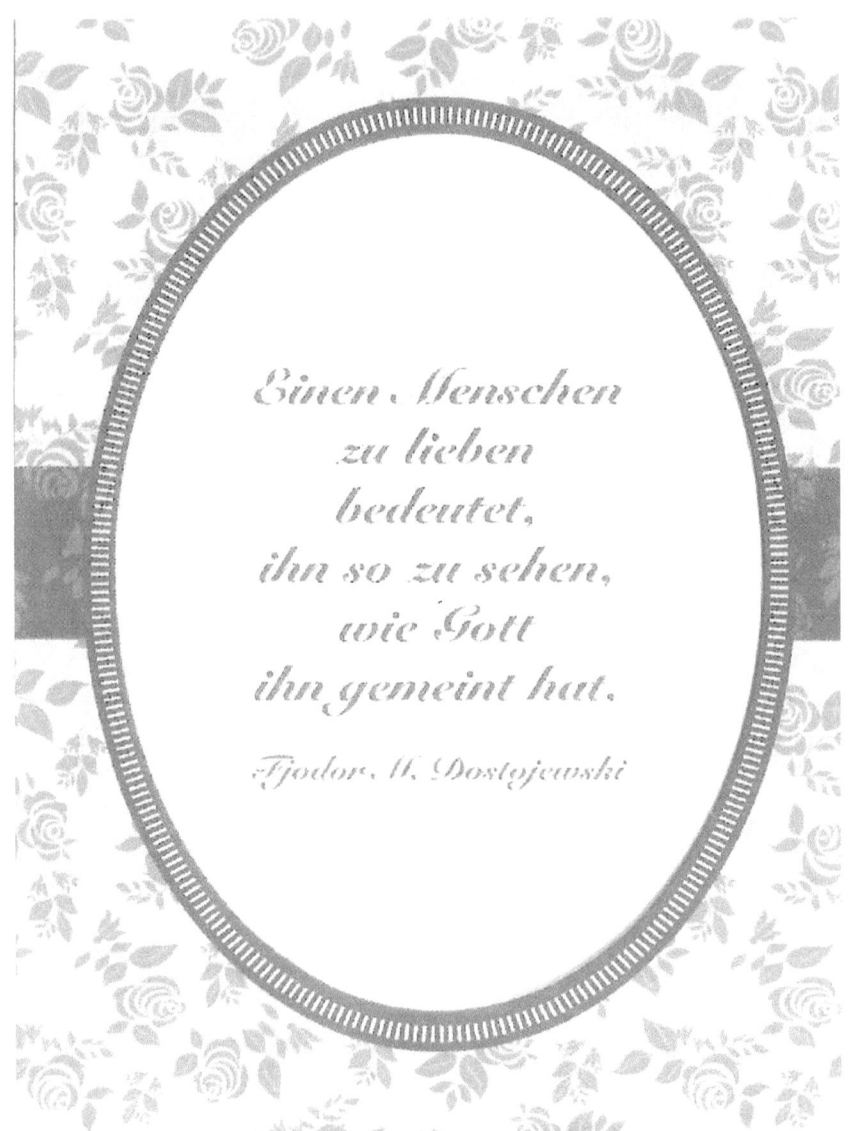

Einen Menschen
zu lieben
bedeutet,
ihn so zu sehen,
wie Gott
ihn gemeint hat.

Fjodor M. Dostojewski

Der Kampf mit
sich selbst ist
oft der größte!

Sprüche aus dem Herzen

1. April

2. April

Verweile nicht in der Vergangenheit,
träume nicht von der Zukunft.
Konzentriere dich auf den gegenwärtigen Moment.

Buddha

ZitatezumNachdenken.com

3. April

Die Welt wird nicht bedroht von den Menschen,
die böse sind, sondern von denen,
die das Böse zulassen.

Albert Einstein

4. April

Nimm dir nicht immer so viel
für's Wochenende vor, sonst artet das
auch wieder in Stress aus!
Relax doch einfach mal...

Schönes Wochenende

5. April

Ein Lächeln, das von
Herzen kommt,
bewirkt, dass unsere
Welt plötzlich viel
schöner und sonniger
aussieht!

Dem Geduldigen laufen die Dinge zu.

Dem Eiligen laufen sie davon.

8. April

Die Zukunft gehört denen, die an die Schönheit ihrer Träume glauben.

10. April

Habe Geduld in allen Dingen.

Vor allem aber mit dir selbst.

11.   April

Das Glück liegt in uns, nicht in den Dingen.

12. April

13. April

Das Glück geteilt mit Freunden, ist doppelt süß.

14. April

Glücklich ist der Mensch,
der die glucklichen Momente
seines Lebens dann erkennt,
wenn sie sich ereignen

foto: hp.brinkmann - pixelio.de

fototraum.de

15. April

16. April

Sei heiter und vergnügt, nimm teil an der Freude der Anderen. Dabei fällt dann immer auch etwas eigene Freude ab.

17.   April

Bewahre das Schöne
tief in deinem Herzen,
dann wirst du es nie
verlieren.

18. April

Nimm dir Zeit zum Lachen,
es ist die Musik der Seele.
Nimm dir Zeit
freundlich zu sein,
es ist der Weg
zum Glück.

Isländisches Sprichwort

19. April

Alles kommt zu dem,
der warten kann.

20. April

Das schönste
Denkmal das ein
Mensch bekommen
kann, steht in den
Herzen seiner
Mitmenschen.

Ich liebe die Rose als das Vollkommenste, was uns die Natur gewähren kann.

J.W.v. Goethe

22. April

Narren hasten, Kluge warten, Weise gehen in den Rosengarten.

Tagore

Wenn der Sommer
sich verkündet,
Rosenknospe sich
entzündet, wer mag
solches Glück
entbehren?

J.W.v. Goethe

Oh, wer um alle Rosen wüßte, die rings in stillen Gärten stehen. Oh, wer um alle wüßte, müßte wie im Rausch durchs Leben gehen.

Christian Morgenstern

25. April

*Willst du für eine Stunde glücklich sein, so
betrinke dich.*

*Willst du für viele Jahre glücklich sein, so
heirate.*

*Willst du für ein ganzes Leben glücklich
sein, so lege dir einen Rosengarten an.*

(Chinesisches Sprichwort)

26.　April

Über vieles, was uns
bewegt, können wir
uns nie ganz
verständlich machen
… Darüber kann ich
nur mit Gott reden.

Johann Wolfgang von Goethe

27.   April

Unser Vater wartet nicht darauf, die Welt erst dann zu lieben, wenn wir gut sein werden, er wartet nichtdarauf, uns erst dann zu lieben, wenn wir weniger ungerecht oder wenn wir vollkommen sein werden.

Gott Abrahams, Gott Isaaks, Gott Jakobs – nicht der Philosophen und Gelehrten! Gott Jesu Christi. Man findet und bewahrt ihn nur auf den Wegen, die im Evangelium gelehrt werden.

Papst Franziskus

28. April

Jede Begegnung mit dem anderen ist ein kleines Samenkorn, das gepflanzt wird. Wenn man es beständig und respektvoll pflegt und bewässert, auf der Grundlage der Wahrheit, wird ein kräftiger Baum mit vielerlei Früchten wachsen.

Papst Franziskus

29. April

Ehrlichkeit verlangt
nicht, dass man   alles
sagt, was man denkt.

Ehrlichkeit verlangt
nur, dass man nichts
sagt, was man auch
nicht denkt.

30.April

Ein Dialog gründet sich immer auf gegenseitige Achtung und gegenseitiges Vertrauen. Dieses entsteht aber nur, wenn ich in der Lage bin, den anderen als Geschenk Gottes zu erkennen, und akzeptiere, dass er mir etwas zu sagen hat. **Der andere hat mir etwas zu sagen.**

Papst Franziskus

1. Mai

Der Herr schaut auf die von der Welt Vernachlässigten und Ausgesonderten. Lazarus ist die einzige Person in allen Gleichnissen Jesu, die mit Namen genannt wird. Sein Name bedeutet: „Gott hilft". Gott vergisst ihn nicht!
Der reiche Mann hingegen hat in dem Gleichnis nicht einmal einen Namen, sein Leben gerät in Vergessenheit, denn wer für sich selber lebt, schreibt nicht Geschichte. **Und ein Christ muss Geschichte schreiben!** Er muss aus sich selbst herausgehen, um Geschichte zu schreiben! Wer aber für sich selber lebt, schreibt keine Geschichte. Die Gefühllosigkeit von heute hölt Abgründe aus, die für immer unüberwindlich sind.

Papst Franziskus

2. Mai

01 IN DEINEM NAMEN
J. Mang | K. Heizmann

In deinem Namen haben wir uns eingefunden.
In deinem Namen, großer Gott beginnen wir.
Du hast dein Tun mit einem Namen fest verbunden:
Jesus Christus. Durch ihn wissen wir von dir.
Unser Beten, Reden, Singen soll zu deiner Ehre klingen,
dass es deutlich, Herr, auf deinen Namen weist,
auf Vater, Sohn und Heil'gen Geist.

In deinem Namen, Jesus, bitten wir den Vater.
Du hast ja selber deine Jünger so gelehrt.
Wir treten frei vor unsren himmlischen Berater,
sagen alles, was Seele und Herz beschwert.
Unser Beten, Reden, Singen soll zu deiner Ehre klingen,
dass es deutlich, Herr, auf deinen Namen weist,
auf Vater, Sohn und Heil'gen Geist.

In deinem Namen, Heil'ger Geist, woll'n wir uns achten
und uns ermahnen: Einer trägt des andern Last.
Wir üben hier, uns als Geschwister zu betrachten,
wollen spüren, wie Liebe uns warm umfasst.
Unser Beten, Reden, Singen soll zu deiner Ehre klingen,
dass es deutlich, Herr, auf deinen Namen weist,
auf Vater, Sohn und Heil'gen Geist,
auf Vater, Sohn und Heil'gen Geist.

3. Mai

02 ÖFFNE UNS DIE OHREN, HERR
K. Heizmann

Öffne uns die Ohren, Herr,
damit wir hören,
was du uns zu sagen hast.
Rede du zu uns durch dein Wort,
das die Wahrheit ist.

Öffne uns die Augen, Herr,
damit wir sehen,
welcher Weg zum Ziel uns führt.
Weise uns den Weg durch dein Wort,
das die Wahrheit ist.

Öffne uns die Lippen, Herr,
damit wir sagen,
was der Welt zum Besten dient.
Schenke uns die Kraft durch dein Wort,
das die Wahrheit ist.

Öffne uns die Herzen, Herr,
damit wir das tun,
was dein Wille für uns ist.
Halte uns bei dir und dem Wort,
das die Wahrheit ist.

4. Mai

03 ICH BIN BEI DIR
B. Dörnen | K. Heizmann

Ich bin bei dir, wenn die Sorge dich niederdrückt,
wenn dein Leben dir sinnlos scheint, dann bin ich da.
Ich bin bei dir, auch wenn du es nicht glauben kannst,
auch wenn du es nicht fühlen kannst, ich bin dir nah.
Und ich hab alles in der Hand, kenn dein Leben sehr genau,
ich weiß um alles, was du brauchst, Tag für Tag
Hab keine Angst, ich liebe dich. Du kannst meinem Wort vertraun
und du wirst sehn, wie ich dich führe Schritt für Schritt.

Hab keine Angst, wenn du nachts nicht mehr schlafen kannst,
wenn du grübelst, was morgen wird, du hast doch mich.
Hab keine Angst, auch wenn andre nicht zu dir stehn,
wenn du meinst, dass du wertlos bist, ich liebe dich.
Und ich hab alles in der Hand, kenn dein Leben sehr genau,
ich weiß um alles, was du brauchst, Tag für Tag.
Hab keine Angst, ich liebe dich. Du kannst meinem Wort vertraun
und du wirst sehn, wie ich dich führe Schritt für Schritt.

O welch ein Tag, wenn dein Leben sein Ziel erreicht,
wenn wir uns gegenüber stehn und du bist hier.
O welch ein Tag, wenn die Trauer der Freude weicht
und dann war, was verwirrend schien, der Weg zu mir.
Dann wirst du staunend mit mir sehn: Alles, Ende und Beginn,
mir war nicht einer deiner Tage unbekannt.
Und du wirst glauben und verstehn, alles hatte seinen Sinn
und du wirst sehn, ich hatte alles in der Hand.

5. Mai

04 VON GANZEM HERZEN
WILL ICH DICH LOBEN
D. Heizmann-Leuckel K. Heizmann

Von ganzem Herzen will ich dich loben,
von ganzem Herzen singe ich dir.
Ein jeder Ton soll dir zur Ehre klingen,
dir, meinem Retter, meinem Herrn.

Denn du bist das Licht für mein Leben,
scheinst auch in der Dunkelheit.
Du wärmst mich, vertreibst dunkle Schatten,
schenkst Geborgenheit.

Von ganzem Herzen...

Denn du bist die Quelle des Lebens,
bei dir ruhe ich mich aus.
Du schenkst mir das Wasser des Lebens,
hier bin ich zuhaus.

Von ganzem Herzen...

Denn du bist der Weg für mein Leben,
öffnest mir das weite Land.
Durch Täler und über die Höhen
führt mich deine Hand.

Von ganzem Herzen...

6. Mai

05 ALSO HAT GOTT DIE WELT GELIEBT
Johannes 3,16

Also hat Gott die Welt geliebt,
dass er seinen eingebornen Sohn gab,
auf dass alle, die an ihn glauben, nicht verloren
werden, sondern das ewige Leben haben.

06 ERWECKE UND BELEBE UNS
H. Handt | H. Krüger | M. Kiemle

Erwecke und belebe uns, du Geist der Freiheit.
Erleuchte und bewege uns, du Heiliger Geist.

Du schenkst die Freiheit, Gott Vater zu nennen,
machst uns zu Kindern im neuen Bund.
Du schenkst die Freiheit, Gott Vater zu nennen,
du füllst mit Bitte und Lob unsern Mund.
Erwecke und belebe uns,...

Du gibst Gewissheit, dass Gott durch uns handelt,
reißt uns aus Trägheit und Angst heraus.
Du gibst Gewissheit, dass Gott durch uns handelt,
du stattest mit deinen Gaben uns aus.
Erwecke und belebe uns,...

Du bist der Mut, der das Leben verwandelt,
machst Gottes Bild in den Glaubenden neu.
Du bist der Mut, der das Leben verwandelt,
in dir bleibt Gott dem Geschaffenen treu.
Erwecke und belebe uns,...

7. Mai

07 WOHL MIR, DASS ICH JESUM HABE
M. Jahn | J. Schop

Wohl mir, dass ich Jesum habe,
fest ich halte seine Hand.
Er ist meines Herzens Labe,
Trost in meinem Pilgerstand.
Jesum hab ich, der mich liebet
und sich mir zu eigen gibet;
Jesus ist mein Gut und Teil,
meiner Seele ew'ges Heil.

Wohl mir, dass ich Jesum habe,
Jesum will ich lassen nicht.
Er, des Himmels höchste Gabe,
bleibt der Seele Glanz und Licht.
Segnend lenk er meine Schritte,
gnädig hör er meine Bitte,
dass ich, wenn erfüllt die Zeit,
schaue seine Herrlichkeit.

08 VON GUTEN MÄCHTEN
D. Bonhoeffer | K. Heizmann

Von guten Mächten treu und still umgeben,
behütet und getröstet wunderbar,
so will ich diese Tage mit euch leben
und mit euch gehen in ein neues Jahr.
Von guten Mächten wunderbar geborgen,
erwarten wir getrost, was kommen mag.
Gott ist mit uns am Abend und am Morgen

8. Mai

10 DIE BARMHERZIGKEIT DES HERRN

H.-J. Mang | nach Klagelieder 3, 22-23 |
K. Heizmann

Die Barmherzigkeit des Herrn hat noch
kein Ende. Sie ist jeden Morgen neu.
Lässt uns nicht zugrunde gehen.
Darin bleibt er uns und seiner Güte treu.

Beim ersten Strahl der Sonne
erreicht uns neu das Licht
als Zeichen seiner Gnade: Gott
hält, was er verspricht.
Die Barmherzigkeit des Herrn...

So lange Nächte enden,
so lange weicht sie nicht,
weil Gottes große Güte nicht
an der Nacht zerbricht.
Die Barmherzigkeit des Herrn...

9. Mai

11 PREISET GOTT, SINGT HALLELUJAH

D. Heizmann-Leucke | W. J. Kirkpatrick |
A. Hohenfels

Preiset Gott, singt halleluja,
lobet ihn in seiner Macht!
Rühmet Gott in seinem Heiligtum,
ehret ihn in seiner Pracht.
Kommt, erhebet seinen Namen,
preiset seine Schöpferkraft.
Himmel, Erde, Luft und Meere,
danket ihm, der Leben schafft.
Bringet Lob und Dank mit Freuden,
Gottes Name sei geehrt.
Seine Herrlichkeit erhöhet,
denn nur er allein ist's wert.

Für das Leben auf der Erde
hat Gott einen festen Plan.
Allem gibt er Auftrag, Sinn und Ziel
und lenkt uns auf sichrer Bahn.
Ist das nicht ein Grund zum Danken,
Kinder Gottes dieser Welt?
Alt und Jung rühmt Gott gemeinsam
und in seinen Dienst euch stellt.
Bringet Lob und Dank mit Freuden…

10.   Mai

12 SINGT DANKESLIEDER

D. Heizmann-Leucke | K. Heizmann | E. Elgar

Dankt für Gottes starke Hand, die uns trägt und hält.
Segnend steht sie über uns und über alle Welt.
Singt Dankeslieder. Stimmt mit uns ein.
Lobt Gott, unsern Schöpfer, ehrt ihn nur allein.
Rühmt seine Taten, freut euch daran.
Singt zu Gottes Ehre. Kommt, betet ihn an.

Dankt für Hilfe in der Not, Gott schenkt Trost und Kraft.
Er ist unsre Zuversicht, die neue Hoffnung schafft.
Singt Dankeslieder. Stimmt mit uns ein.
Lobt Gott, unsern Schöpfer, ehrt ihn nur allein.
Rühmt seine Taten, freut euch daran.
Singt zu Gottes Ehre. Kommt, betet ihn an.

Dankt für Gottes Freundlichkeit, die uns stets umgibt.
Sie wird immer bei uns sein, weil Gott die Menschen liebt.
Singt Dankeslieder. Stimmt mit uns ein.
Lobt Gott, unsern Schöpfer, ehrt ihn nur allein.
Rühmt seine Taten, freut euch daran.
Singt zu Gottes Ehre. Kommt, betet ihn an.

11.Mai

Was heißt Lehrer sein?

Lehrer sein, heißt Künstler sein,
Heißt nach ew'ger Schönheit Normen
Eine Kindesseele formen.
Lehrer sein, heißt Bergmann sein,
Und aus tiefem Schachte heben
Reiches Erz empor ans Leben.
Lehrer sein, heißt Gärtner sein,
Und in stillem Heiligtume
Hüten eine zarte Blume;
Lichte Wonnen erntet ein,
Wer's versteht, ein Lehrer sein!
Doch da muß er niedersteigen
Und, den Kindern ganz zu eigen,
Unter Kindern sein ein Kind!
Und sie werden gläubig sagen
Ihm die tausend kleinen Fragen,
Die die Welt der Kinder sind.
Seiner Seele Lichtgedanke
Werde Stab für jede Ranke!
Seine Worte sollen fließen,
Junges Erdreich zu begießen.
Und erwachen fremde Triebe — —,
Schneide heilend nur die Liebe!
Lichte Wonnen erntet ein,
Wer's versteht, ein Lehrer sein;
Denn in Kinderseelen schauend,
Schreitet er den Weg zurück,
Eine goldne Brücke bauend,
Zu der eig'nen Kindheit Glück!
Und aus tausend Harfen klingt es,
Wenn er Kinderaugen sieht,
Und in tiefster Seele singt es ...
Reinsten Glückes schönstes Lied.

12. Mai

Gottesgaben

Kinderaugen — Himmelssterne,
Dringen tief ins Menschenherz;
Leuchten sehnend, glänzen tränend,
Kennen Lust und kennen Schmerz.

Kinderlippen — Himmelsblüten,
Von der Unschuld Kuß erwacht;
Lachen herzlich, zucken schmerzlich,
Frisch erglüht in Lebensmacht.

Kindersprache — Himmelsklänge,
Unverstand'ne Melodie!
Jubelsingend, weheklagend
In des Lebens Harmonie!

Kinderherzen — Himmelsflammen,
Unschuldsvoll und engelrein;
Selig schlagend, bange zagend,
Wahrheitstief, und doch — so klein!

Kinder sind von Gott gegeben,
Leuchten wie das Sterngezelt;
Kinder, süße Engelsgrüße,
Himmelsglück im Schmerz der Welt!

13. Mai

Was tat Jesus für mich?

Für mich verließ Er den himmlischen Thron,
Für mich ward Er „des Menschen Sohn",
Für mich ist im Stall Er als Kindlein geboren,
Für mich hat Er seine Apostel erkoren,
Für mich zog Er segnend durchs heilige Land,
Für mich ward Er heimatlos, arm und verkannt,
Für mich hat Er im Garten gekämpft und gerungen,
Für mich hat Er betend den Tod dort bezwungen,
Für mich traf Ihn Verleugnung, Spott und Hohn,
Für mich trug Er die Dornenkron',
Für mich sie Ihn gekreuzigt haben,
Für mich Seine Hände mit Nägeln durchgraben,
Für mich ward ein Fluch Er — von Gott verlassen,
Für mich brach Sein Herz da — das konnt es nicht fassen,
Für mich Er hinab zu den Toten stieg,
Für mich klang es jauchzend im Himmel: „Sieg"!
Für mich sprengt Er siegreich des Grabes Tor,
Für mich fuhr Er zum Himmel empor,
Für mich empfing Er Macht, Herrschaft und Kron',
Für mich steht Er bittend vor Gottes Thron,
Für mich hält Er im Himmel die Wohnung bereit,
Für mich wird Er einst kommen in Herrlichkeit.

14. Mai

Kinder sind Majestäten.

Kinderseele, ein Diamant,
Schleifen muß ihn der Eltern Hand;
Kinderseele, schneeweiße Blüte,
Eltern, bewacht das zarte Gemüte!
Kinderseele, ein Rosengarten,
Eltern sollen der Knospen warten.
Kinderseele, ein Morgenstern,
Laßt ihn nur leuchten für Gott den Herrn;
Kinderseele, ein Tröpflein Tau,
Laßt ihn nur spiegeln des Himmels Blau!
Kinderseele, ein Liebling der Engel,
Haltet ferne Sünde und Mängel!
Kinderseele, ein Himmelserbe,
Wacht, daß die Hölle sie nicht verderbe!

15.Mai

Wie soll ein Gottesdiener sein?

Ein Diener muß sein:
Ganz groß und ganz klein,
Vornehmen Sinn's, weil aus Königsgeschlecht,
Einfach und schlicht wie ein Bauernknecht;
Ein Held, der sich selbst bezwungen,
Ein Mensch, der mit Gott gerungen;
Ein Quell, voll heiligem Leben,
Ein Sünder, dem Gott vergeben;
Ein Herr dem eig'nen Verlangen,
Ein Diener dem Schwachen und Bangen;
Vor seinem Sender sich beugend,
Zu den Geringsten sich neigend;
Ein Schüler vor seinem Meister,
Ein Führer im Kampf der Geister;
Ein Bettler mit flehenden Händen,
Ein Herold mit goldenen Spenden;
Ein Mann auf den Kampfesstätten,
Ein Weib an den Krankenbetten;
Ein Greis im Schauen,
Ein Kind im Trauen;
Nach Höchstem trachtend,
Das Kleinste achtend;
Gestimmt zur Freude,
Vertraut dem Leide,
Weitab vom Neide;
Im Denken klar,
Im Reden wahr;
Des Friedens Freund,
Der Trägheit Feind;
Feststehend in sich,
Nicht trauend dem Ich.

16. Mai

Sei getreu!

Sei Gott getreu, halt seinen Bund
O Kind, in deinem Leben;
Leg' diesen Stein zum festen Grund
Bleib Jesu stets ergeben!
Denk an den Kauf in deiner Tauf'
Da er sich dir verschrieben,
Bei seinem Eid in Ewigkeit
Als Vater dich zu lieben!
Sei Gott getreu von Jugend auf;
Laß dich nicht Lust noch Leiden
In deinem fernern Lebenslauf
Von seiner Liebe scheiden!
Die Gottestreu ist täglich neu,
Auf sein Wort kannst du bauen;
Was er verspricht, vergißt er nicht,
Folg' nach ihm im Vertrauen!

17. Mai

Dem Hirten.

Alles, was wir haben, was die Lieb' ersann,
Kleine Kinderherzen, nimm sie freundlich an!

Laß uns deiner Hilfe nie verlustig gehn,
Dankbar im Gemüte sollst du uns stets sehn.

Ernstlich woll'n wir streben, gut und brav zu sein,
Unser ganzes Leben dem Herrn Jesu weih'n!

18. Mai

Gott hat dich lieb!

Du kennst den Spruch, in Gottes Wort geschrieben,
Voll Trost und heilger Mahnung auch für dich;
Es spricht der Herr: „Ich liebe, die mich lieben,
Und die mich frühe suchen, finden mich."

Du hast Ihm feierlich dein Wort gegeben,
Bis in den Tod dem Herrn getreu zu sein;
Schenk' Ihm dein junges Herz, dein ird'sches Leben,
Dann ist das lieblichste der Lose dein!

Und wenn du täglich suchst mit treuem Flehen
Des Heilands gnadenreiches Angesicht,
So wird Sein Friedensodem dich umwehen,
Du wirst Ihn finden, wie Sein Wort verspricht.

Und über deinem Haupte steht geschrieben,
Wohin auch Gottes Führung leite dich,
Dies Segenswort: „Ich liebe, die mich lieben,
Und die mich frühe suchen, finden mich!"

19. Mai

**Der Herr hat offenbart seinen heiligen Arm
vor den Augen aller Völker, daß aller Welt Enden sehen
das Heil unsres Gottes.** *Jesaja 52,10*

In der Theologie spricht man von Gottesbeweisen, obwohl Gott es nicht nötig hat, sich mit menschlichem Verstand beweisen zu lassen. Seine ewige Gegenwart ist der Beweis seiner Existenz. Trotzdem seien zwei Gottesbeweise erwähnt: In den Stall von Bethlehem legte Gott sein Herz. Er bewies durch seine Menschwerdung in Jesus Christus seine Liebe zu uns. Ein anderer Beweis ist sein starker Arm, oder wie es bei Jesaja heißt: sein heiliger Arm. Diesen starken und heiligen Arm bewies Gott immer wieder in der Geschichte. Wenn Menschen meinten, Geschichte machen zu können, griff Gott ein. Viele Machthaber wollten ihren Reichen und Systemen Ewigkeitscharakter geben, und Gott sagte „nein". Besonders in diesem Jahrhundert war es bezeichnend. Der ursprünglich siegreiche erste Weltkrieg wurde verloren. Die Weimarer Republik, die ein neues Deutsches Reich aufbauen wollte, dauerte nur 13 Jahre. Das „tausendjährige" Dritte Reich war nach 12 Jahren zerstört. Die Berliner Mauer hat er abgerissen, die hundert Jahre stehen sollte. Der einst stabile Kommunismus der UDSSR ist nach Gottes Willen zusammengebrochen. Heute entstehen in Rußland neue Kirchen und Gemeinden. Auch an unsere zunehmend gottloser werdende Bundesrepublik hat Gott schon lange die Axt an die Wurzel gesetzt. Es ist bedauerlich, daß kein Politiker mit Gottes Einwirken rechnet. Gott wird sich am Ende der Tage als das wahre Heil den Völkern bezeugen. Wenn die Mächtigen gehen, kommt unser Herr.

*Deines Vaters starker Arm,
komm und unser Dich erbarm.
Laß jetzt sehen Deine Macht,
drauf wir hoffen Tag und Nacht.*

142

20. Mai

Keine Sorge – **Gott gibt es!**

ch bin heute Mitte 20 und erinnere mich noch sehr gut an jenen Abend, der nun schon einige Zeit zurückliegt. Ich war auf dem Weg zur Sparkasse, die fünf Minuten zu Fuß von unserem Haus entfernt liegt, um mein Opfergeld zu überweisen. In meinem Kopf schwirrten viele Gedanken herum: „Du bist noch in der Ausbildung, hast mehr Ausgaben als Einnahmen – der liebe Gott ist dir bestimmt nicht böse, wenn du nicht opferst. Na ja, aber Opfer bringt Segen. Und ich liebe Gott doch! Was hat er nicht schon alles für mich getan!"

Ich merkte, wie ich mit mir selbst rang und sich gleichzeitig auch der Gedanke einschleichen wollte: „Ob es den lieben Gott wirklich gibt?"

Ich blieb daraufhin kurz stehen und sprach ein inniges Gebet, in dem ich zum Ausdruck brachte, dass der liebe Gott doch allmächtig ist und immer die Möglichkeit hat, zu zeigen, dass er da ist, dass er auch mich kennt und mich liebt. Ich bat ihn, sich *jetzt* zu zeigen, mir zu zeigen,

In den Gottesdiensten hören wir oft, dass es wichtig ist, persönliche Glaubenserlebnisse zu haben. Auch ich wollte den lieben Gott einmal so richtig persönlich – nur für mich – erleben. Das war mein großer Wunsch.

dass er auch *jetzt* in diesem Moment bei mir ist und dass er selbst, wenn abends niemand mehr auf der Straße ist, kein Auto unterwegs ist, die Möglichkeit hat, sich zu zeigen. „Zeig dich doch bitte jetzt einmal", betete ich. Ich versuchte, mit meinem ganzen Vermögen zu glauben, dass er das kann und tun wird, aber irgendwie: ein Rest Zweifel blieb doch.

Als ich wenige Minuten später aus der Sparkasse kam und meinen kurzen Rückweg antrat, wartete ich immer noch auf ein Zeichen. Ich dachte: „Wie soll sich der liebe Gott jetzt auch zeigen?" Während ich mich innerlich damit abfand, dass mein Wunsch, fast einer Forderung gleichzusetzen, doch zu vermessen war und Gott es nicht tut, hörte ich ein Geräusch. Es war ein Bus, der gerade an mir vorbeifuhr. Eher zufällig blickte ich hinterher und schaute auf das Heck des Busses. Jetzt traute ich meinen Augen kaum. In großen Buchstaben stand dort geschrieben: „Keine Sorge – Gott gibt es!" Den Bus mit dieser Aufschrift habe ich seit jener Nacht nie mehr gesehen. s.w.

143

21. Mai

Eine Stille im Lande

*Nur wenige Lieder dieser Dichterin sind uns heute noch bekannt. Eines ist das Passionslied
„Wenn ich die Domenkrone auf deinem Haupte seh'" (altes Gesangbuch Nr. 91).
Ein anderes Lied ging jedoch um die Welt. Es wurde als Hochzeitslied gesungen, als Abschiedslied
und oft auf den Friedhöfen als Trauer- und Trostlied: „So nimm denn meine Hände".*

hr Leben begann am 7. März 1826 im Baltikum, in Riga (Lettland). Manches, was man sich über das schmerzensreiche und stille Leben von Julie von Hausmann erzählt, gilt als gesichert, manches als wahrscheinlich, manches mag auch Legende sein.

Ich 'will Dir folgen, wo Du hingehst

So nimm denn meine Hände
Und führe mich
Bis an mein selig Ende
Und ewiglich.

Ich mag allein nicht gehen,
Nicht einen Schritt;
Wo Du wirst geh'n und stehen,
Da nimm mich mit.

In Dein Erbarmen hülle
Mein schwaches Herz
Und mach' es endlich stille
In Freud und Schmerz.

Lass ruh'n zu Deinen Füßen
Dein armes Kind,
Es will die Augen schließen
Und glauben blind.

Wenn ich auch gar nichts fühle
Von Deiner Macht,
Du bringst mich doch zum Ziele
Auch durch die Nacht.

So nimm denn meine Hände
Und führe mich
Bis an mein selig Ende
Und ewiglich!

Julie v. Hausmann

Foto: © wikipedia.de

**Julie v. Hausmann
(1826–1901),
deutsch-baltische
Dichterin**

Sicher ist: Ihr Vater war Gymnasialoberlehrer am Gymnasium in der kurländischen Stadt Mitau (heute: Jelgava). Sie hatte vier ältere und eine sechs Jahre jüngere Schwester. Julie liebte von Kindheit an die Stille und Einsamkeit. Früh schon begann sie kleine Gedichte aufzuschreiben. Im Konfirmandenunterricht begeisterte der Pfarrer sie für Jesus. Nach ihrer Konfirmation war sie als Lehrerin und Erzieherin in großbürgerlichen Häusern in ihrer baltischen Heimat tätig. Da sie jedoch immer wieder krank war – sie litt vermutlich sehr stark an Migräne –, verlor sie ihre Anstellungen rasch wieder.

Irgendwann – und hier wird die Quellenlage unsicher – begegnete sie einem jungen Pfarrer und verliebte sich. Der junge Mann hatte den Entschluss gefasst, als Missionar nach Afrika zu gehen. Die beiden jungen Menschen können sich gerade noch verloben, da muss der Geliebte auch schon aufbrechen in die Ferne. Sie hatten vereinbart, Julie käme nach, sobald sie die Reisepapiere fertig und eine Reisemöglichkeit gefunden hätte. Bald machte sie sich alleine auf die lange Seereise nach Afrika, um ihren Verlobten zu treffen und ihn zu heiraten.

Nach vielen Strapazen soll sie schließlich die Missionsstation ihres Verlobten erreicht haben. Doch nicht er empfing sie, sondern der Leiter der Station. Er führte sie etwas abseits, zum Friedhof ... Drei Tage zuvor war ihr

22. Mai

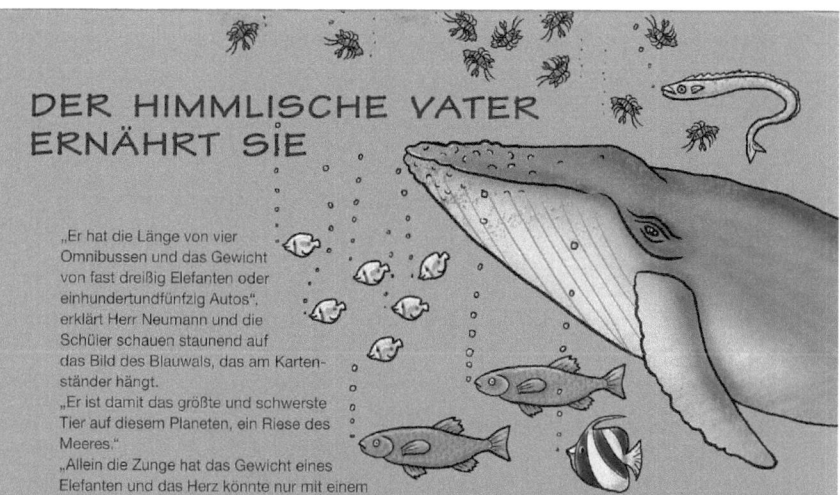

DER HIMMLISCHE VATER ERNÄHRT SIE

„Er hat die Länge von vier Omnibussen und das Gewicht von fast dreißig Elefanten oder einhundertundfünfzig Autos", erklärt Herr Neumann und die Schüler schauen staunend auf das Bild des Blauwals, das am Kartenständer hängt.

„Er ist damit das größte und schwerste Tier auf diesem Planeten, ein Riese des Meeres."

„Allein die Zunge hat das Gewicht eines Elefanten und das Herz könnte nur mit einem Lastwagen befördert werden", weiß Stephan zu berichten, dessen Lieblingsfach Biologie ist und der kaum eine Tiersendung versäumt, die das Fernsehen ausstrahlt. Stephan weiß auch, dass Wale keine Fische sind, sondern Säugetiere, sie werden nur fälschlich Walfisch genannt; sie sind also Warmblüter und atmen Luft ein. Wie bei allen anderen Säugetieren bringt auch das Walweibchen lebende Junge zur Welt. Diese sind Riesenbabys! Ein Junges ist schon bei der Geburt sieben Meter lang und acht Tonnen schwer.

Herr Neumann tippt auf das Bild und stellt fest: „Die Kraft der Wale ist enorm. Ein harpuniertes Blauwalweibchen hat einmal ein siebenundzwanzig Meter langes, stählernes, mit zwei Schrauben ausgerüstetes Fangboot acht Stunden mit sich gezogen. Dabei entwickelte es eine Geschwindigkeit von fünf Knoten, das sind neun Kilometer in der Stunde. Und das, obwohl in ihrem Körper eine Harpunengranate von einem Viertelzentner steckte."

Stephan hat in einer Zeitschrift gelesen, dass ein wütender Pottwal einmal die stählerne Seitenwand eines Fangbootes so eingedrückt hat, dass dieses innerhalb von drei Minuten gesunken ist. „Was und wie viel braucht ein Körper, der über solche Kräfte verfügt?", fragt Martin. Stephan meldet sich.

„Das ist wirklich erstaunlich", meint er, „man kann sagen, das größte Tier der Welt lebt von den kleinsten Lebewesen des Meeres, den winzigen Krebsen und Schnecken. Sie verschlingt er mit seinem Maul, in dem zwanzig Menschen Platz nehmen könnten. Eine Mahlzeit ist sehr groß. Sie besteht aus zehn Hektolitern dieser Kleintiere."

„Wie viel sind zehn Hektoliter?", will Carina wissen. Nicole, das Rechen-Ass der Klasse, weiß die Antwort: „Ein Hektoliter sind einhundert Liter. Er braucht also für eine Mahlzeit tausend Liter oder anders ausgedrückt – vier gefüllte Badewannen."

„Wie viele volle Suppenteller ergeben das?", fragt Carina und alle lachen.

„Wenn man bedenkt, wie viele Blauwale es in den Meeren gibt, dann muss man sich wundern, dass alle satt werden", meint Martin.

„Ja, alle Wale werden satt", sagt Thomas, „alle Tiere des Meeres haben reichlich zu essen." Er sieht seine Klassenkameraden an und fragt nachdenklich: „Aber warum müssen auf der Erde denn so viele Menschen hungern und verhungern?"

Heribert Haberhausen, © beim Urheber

Jeder will alt werden, aber keiner will es sein.

Martin Held

Zufriedenheit mit seiner Lage ist der größte und sicherste Reichtum.

Marcus Tullius Cicero

24. Mai

*E*in Herz,
das entschlossen ist zu lieben,
kann hell leuchten
von grenzenloser Güte.

Frère Roger, Taizé

25. Mai

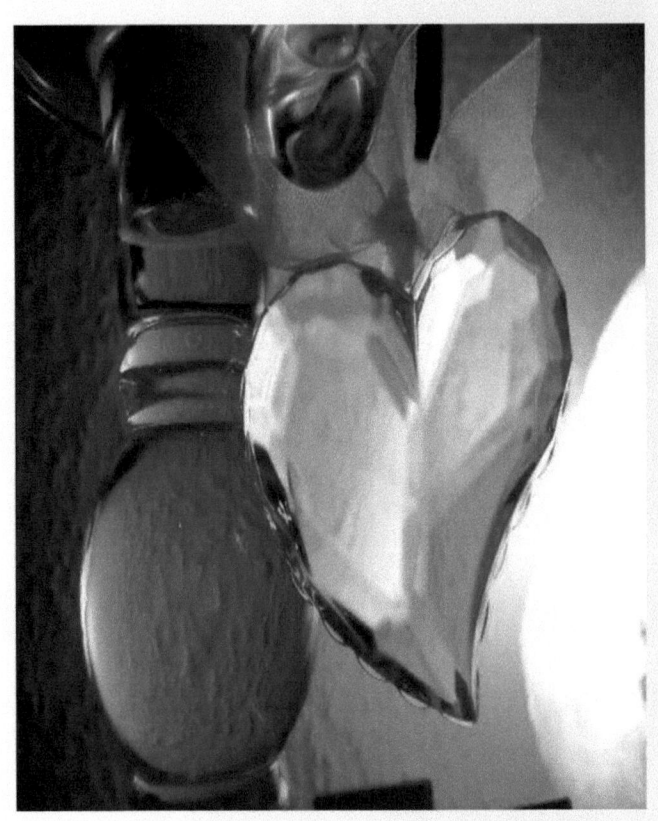

Die schönsten Dinge im Leben,
können nicht gesehen und ertastet werden –
sie müssen mit dem Herzen gefühlt werden.

26.Mai

Es gibt immer einen Weg, folge einfach deinem Herzen
und dann wirst du ihn erkennen.

Bleibe dann
beharrlich
auf
diesem Weg
und du
wirst
dein Glück
finden.

27. Mai

Und wenn du ihn gefunden hast,
dann entzündet gemeinsam
eine Kerze,
und haltet
Euer *Glück* fest.

Suche den Weg
zu einem
geliebten Menschen
nicht mit einem Licht,
sondern mit
deinem Herzen

28. Mai

Viele setzen heute eine Maske auf und verstecken sich. Sie machen sich zu Sklaven der armseligen Ressourcen, die sie zusammenkratzen und an die sie sich klammern, als würden sie ausreichen, um Liebe zu kaufen, **die keinen Preis hat.** Sie ertragen das Erschauern nicht, sich von jemanden gekannt zu wissen, der **größer** ist und der unser Kleinsein nicht verachtet, der **heiliger** ist und uns unsere Schwachheit nicht vorwirft, der wirklich **gut** ist und an unseren Wunden keinen Anstoß nimmt.

Papst Franziskus

Der Friede ist ein unüberbietbares Gut. Er beginnt **im eigenen Herzen** und kann sich von dort in unsere Familien, Häuser, in unsere Kirche und in die Welt ausweiten.

Sr. Teresia Benedicta Weiner OCD

Man kann nicht ohne Brot leben, man kann nicht ohne Vergebung leben, und man kann nicht ohne den Beistand Gottes in den Versuchungen leben. Das Brot, um das uns Jesus bitten lässt, ist das notwendige Brot, nicht das überflüssige, das rechte Brot, ein Brot, das man weder anhäuft noch ver-geudet.

Papst Franziskus

Ich höre es nicht gern, wenn gesagt wird: „Die jungen Leute reden dummes Zeug!" Die jungen Menschen sagen dummes Zeug, und sie sagen gute Dinge, genau wie wir, wie alle. **Aber man muss ihnen zuhören, mit ihnen sprechen**, denn wir müssen von ihnen lernen, und sie müssen von uns lernen.

Papst Franziskus

1. Juni

Wir sind nicht auf die Welt gekommen, um zu vegetieren, um es uns bequem zu machen, um aus dem Leben ein Sofa zu machen, das uns einschläfert; im Gegenteil, wir sind für etwas anderes gekommen, wir sind gekommen, um eine Spur zu hinterlassen.
Es ist sehr traurig, durchs Leben zu gehen, ohne Spuren zu hinterlassen. Aber wenn wir die Bequemlichkeit wählen und das Glück mit dem Konsum verwechseln, dann ist es der Preis, den wir bezahlen, sehr, sehr hoch. Wir haben uns falsch ent-schieden.

Papst Franziskus

2. Juni

3.Juni

Wenn die Zeit mich überfällt
mit Heeresmacht,
Deren Vortrab Kummer ist
und Sorgenmacht,
Rüst ich meinen Hinterhalt,
der glücklich focht
Unter zwei Emiren:
Buch und Lampendocht.
Aus dem Schoß der Nächte
führ' ich dann hervor
Wunder, deren Wahrheit
man nicht glaubt zuvor,
Und mit ihnen mach'
ich mich von Sorgen rein,
Wie von Sorgen andre rein
wohl macht der Wein.
*Yakut ar-Rumi (1179—1229),
deutsch von Friedrich Rückert*

4 Juni

Bücher sind Schiffe, welche die Meere der Zeit durcheilen.

Francis Bacon
engl. Philosoph

5. Juni

Der Weg zu allem Großen
geht durch die Stille.

Friedrich Nietzsche

GOTT hat uns
nicht einen Geist der
Verzagtheit gegeben,

sondern den Geist der
Kraft, der Liebe und
der Besonnenheit
2.TIM.1.7

7. Juni

Befiehl
dem Herrn
deine Wege
und hoffe
auf ihn ;
er wird's
wohl
machen.

Psalm 37,5

8. Juni

JESUS CHRISTUS SPRICHT: SELIG SIND, DIE FRIEDEN STIFTEN; DENN SIE WERDEN GOTTES KINDER HEISSEN.

Matth. 5,9

Die Auferstehung ist das Fundament des Glaubens und der christlichen Hoffnung! Wenn es keinen Bezug zum Paradies und zum ewigen Leben gäbe, dann würde das Christentum auf eine Ethik verkürzt, auf eine Lebensphilosophie.

Papst Franziskus

Gebet

Herr, so bitte ich dich heute: Gib mir einen reinen Sinn, damit ich dich erblicken kann, einen demütigen Sinn, dass ich deine Stimme im Vielerlei erlausche, schenke mir einen liebenden Sinn, dass ich dich im anderen erkenne, und einen gläubigen Sinn, dass ich in dir bleiben kann.

Dag Hammarsskjöld

11. Juni

VERGESST
NICHT,
GUTES
ZU TUN UND
MIT ANDEREN
ZU TEILEN,
AN DENN
SOLCHEN
OPFERN
HAT GOTT
GEFALLEN

HEBR·13/16

12. Juni

Jesus Christus spricht:
Ich bin nicht gekommen,
um die Welt zu richten,
sondern um sie zu retten.
Johannes 12, 47

13.　Juni

Suchet
in der Schrift!
JOH. 5/39

14. Juni

Man
sieht
nur
mit
dem
Herzen
gut.

Saint-Exupéry

15. Juni

Einen Freund kann man nur haben, wenn man selber einer ist.

Ralph Waldo Emerson

16.   Juni

17.   Juni

18. Juni

Gott spricht: Ich will euch trösten, wie einen seine Mutter tröstet.
Jesaja 66,13

19. Juni

D ie wenigsten Menschen wissen, daß Eulen sehr schöne, dabei kluge und sehr liebenswerte Tiere sind. Der Schöpfer hat sie mit Gaben bedacht, die es ihnen möglich machen, in der Nacht zu leben. Sie haben besonders scharfe Augen, die etwas an Katzenaugen erinnern, und ihre Halswirbel sind ganz besonders beweglich. Sie können ihren Kopf um 180 Grad drehen. Das müssen sie auch können, weil sie zur Jagd im Dunkel ein weites Blickfeld brauchen. Die Eulen, die zu den Greifvögeln gehören, sind sehr nützlich, denn sie jagen schädliche Nager. Besonders jetzt haben sie alle Krallen voll zu tun, denn es ist die Zeit, in der sie ihre Jungen aufziehen. — Nun gibt es törichte Menschen, die sich von den seltsamen Rufen der Eulen in Angst und Schrecken versetzen lassen. Solche Menschen sprechen von Todesbotschaften und Unglücksbringern und vielem anderen dummen Zeug, das irgend jemand mal im Mittelalter aufgebracht hat, um sich interessant zu machen. Es ist eigentlich unglaublich, wie lange sich solch dummes Gerede hält. Darüber hinaus aber hat man wegen dieser Rufe die Eulen so erbarmungslos verfolgt und getötet, daß manche von ihnen, wie beispielsweise der Uhu, nur noch in einigen wenigen Gebieten Deutschlands anzutreffen sind. Heute sind in Deutschland die Eulen unter Naturschutz gestellt, und so ist zu hoffen, daß ihr Bestand allmählich größer wird. — Wenn wir also wieder Gelegenheit haben, das Jaulen des Waldkauzes, das Greinen und Stöhnen der Waldohreule, das Geschnarre der Schleiereule und das Hu-huuuu des Uhus zu hören — nicht zu vergessen das „Kiwitt" des Käuzchens — dann wollen wir daran denken, daß diese Laute nichts anderes sind als sinnvolle Lebensäußerungen der Eulen. Unsere Bilder tragen vielleicht ein wenig dazu bei, Vorurteile auszuräumen, wo sie noch vorhanden sein sollten.

m—g

20. Juni

... ein neuer Mensch zu werden

„Wissen Sie, Herr Pfarrer, wir gehen zwar nicht in die Kirche, aber das soll keineswegs heißen, wir hätten keinen Glauben!" So oder ähnlich lautet ein oft an den Klerus gerichteter Ausspruch, der geradezu symptomatisch ist für die Austrittswelle aus den Kirchen und die damit zusammenhängende Glaubensverdrossenheit zahlreicher Christen.

Viele Gläubige treten aus der Kirche aus, weil sie eine echte „Seelsorge" vermissen. Sie begeben sich auf die Suche, und zwar dorthin, wo ihre „düsteren Seelen" am ehesten Labung finden. Frei zu sein von allen dogmatischen Zwängen, bedeutet für diese Menschen alles. Denn der lebendige Gott verschanzt sich weder hinter Kirchenmauern, noch bevorzugt er irgendeine Glaubensrichtung oder Sekte. Gott ist überall gegenwärtig: in jedem unserer Nächsten und in der gesamten Natur.

Für jeden einzelnen wird am Ende seiner Erdenwanderung deshalb nur ausschlaggebend sein, inwieweit er sich bemüht hat, nach den göttlichen Gesetzen zu leben, und inwiefern ein jeder die Liebe zu Gott und zu seinem Nächsten angewendet hat. Um nicht in die Fangarme des Widersachers Gottes zu gelangen, sollte jeder Gottzustrebende wachsam und bestrebt sein, durch sein ganzes Denken, Fühlen, Reden und Tun ein neuer Mensch zu werden, ein Mensch, in dem nur Liebe ist, und der nur Liebe aussendet. Denn nur die selbstlose Liebe vermag alles, und sie allein ist der Schlüssel zum Tor des Reiches Gottes.

Franz Wellschmidt, Waldbrunn

174

21.   Juni

Angeblich armer Jesus war selbständiger Handwerker

Historiker stellt Forschungsergebnisse vor

Rom (dpa). Jesus von Nazareth war neuesten Forschungen zufolge nicht Sohn eines armen Zimmermannes, sondern Sproß einer mittelständischen Familie. Sein Adoptivvater Joseph sei selbständiger Bauingenieur gewesen, Jesus selbst habe schreiben und lesen können, mehrere Sprachen gesprochen und habe vermutlich sogar in seiner Heimat das griechische Theater besucht. Zu diesem Ergebnis kommt der Jesuit und Historiker an der Päpstlichen Universität Grego-riana in Rom, Giovanni Magnani (68), in seinem Buch „Jesu, Erbauer und Meister".

Wie es gestern hieß, räumt das Buch mit der bisherigen „Ideologie des religiösen Pauperismus" auf. Wie sein Vater sei auch Jesus gelernter Bauingenieur gewesen und habe gemeinsam mit Joseph zumindest zeitweise eine Werkstatt betrieben. „Christus war weder ein Armer ohne regelmäßiges Einkommen, noch ein Gelegenheitsarbeiter, sondern ein Selbständiger."

Wer Jesus war, können wir in der Bibel, im Neuen Testament, nachlesen!

22.   Juni

30. Mai. Freitag   Apostelgeschichte 5, 17-33

Ein bequemes Leben haben die Leute nie gehabt, die aus-
zogen, anderen die gute Botschaft Gottes zu bringen. Das
ist ja wohl auch an keiner Stelle unserer Bibel so verheißen.
Ich frage mich nur immer wieder, ob wir heute noch mit
einer solchen Zuversicht für unseren Glauben eintreten.
Gut, daß es immer noch Beispiele gibt, die uns bestärken
können.
Wie das Werk Gottes klare Entscheidungen fordert von seinen Verkündern, das kann man am besten an Bodelschwingh sehen, als Leiter der Betheler Anstalten.
Er bekam 1940 von Hitlers Leibarzt Prof. Brandt und dem
Reichsleiter Bouhler plötzlich den Befehl, die Patienten der
Betheler Anstalten vergasen zu lassen. Es sei so befohlen.
Bodelschwingh brauchte sich keinen Augenblick zu besin-
nen; so klar und einfach war seine Entscheidung. „Sie können mich wohl in ein Konzentrationslager bringen", sagte
er den beiden Männern in seinem Zimmer, „aber nicht einem einzigen unserer Kranken sollen Sie ein Haar krüm-
men, solange ich auf freiem Fuße bin." Er sprach von der
frohen Gemeinschaft der Kranken, von nützlicher Arbeit,
die von ihnen getan wird, von ihrem glücklichen Leben.
Und schließlich sagte er ihnen unumwunden, daß er Christi Befehl gehorche und auf keinen Fall den Befehl Hitlers
ausführen werde. Der Ausgang dieser Verhandlung ist bekannt: In Bethel wurde tatsächlich - anders als in vielen
anderen Anstalten - kein Patient vergast.
Gott hat durch Bodelschwinghs klare Entscheidung Menschen am Leben erhalten.

Wir beten: Lieber Vater, es fällt uns oft schwer genug, dir
mehr zu gehorchen, als den Menschen. Und wir wollen es
auch nicht immer, besonders dann, wenn es Konsequen-
zen haben könnte. Sei du bei uns, wenn wir um solche Entscheidungen ringen. Amen.

23.   Juni

Das Böse ist immer in uns und in der Gesellschaft

OTZ-Gespräch mit dem Theologen Professor Dr. Michael Trowitzsch von der FSU Jena

„Das Böse, im Zusammenhang", Herr Professor Trowitzsch, ist das Thema des von Ihnen geleiteten öffentlichen Symposiums heute an der Universität Jena. Warum nehmen sich die Theologen dieser unerfreulichen Kategorie so an?

Weil sie sich damit eines menschlichen Wesenszuges annehmen, denn das Böse an sich gibt es nicht. Wichtigster Gegenstand der theologischen Wissenschaft sind Gott und Mensch, somit auch das Böse.

Der Gutmensch, den das Christentum und andere Religionen seit Jahrtausenden anstreben - ist er eine Fiktion?

Das Christentum hat ihn nicht angestrebt. Es weiß, daß der Mensch dem Bösen von sich aus nicht gewachsen ist. Das Böse, das ihn zum Sünder macht, hat den Drang, zu ex-

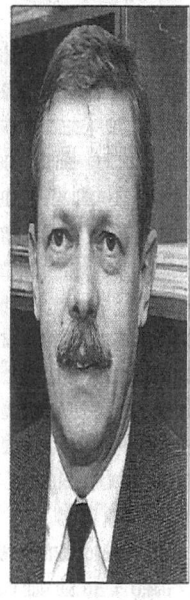

Prof. Michael Trowitzsch
(Foto: OTZ/Rybka)

pandieren. Ohne göttliche Hilfe hat der Mensch dem nichts entgegenzusetzen. Einmal dem Bösen nachgegeben, ist er ihm ausgeliefert. „Das ist der Fluch der bösen Tat, daß sie fortzeugend Böses muß gebären" sagt Schiller. Nur mit Gottes Beistand, mit dem Glauben an ihn, ist diesem schlimmen Fortgang zu entgehen.

Gerade dieses Jahrhundert zeigt, daß es oft nicht gelang.

Wir lernen nicht richtig aus unserer Geschichte. Etwas Böses nicht wieder tun zu wollen, ist richtig, vergißt aber möglicherweise, daß der Teufel jeweils zu einer anderen Tür hereintritt, wie es heißt. Die Tendenz des Bösen zum Absoluten ist immer vorhanden, das müssen wir wissen.

Hilft Gott zuwenig?

Gott hilft. Aber Böses zu tun und zu fragen, warum es Gott nicht verhinderte - so wird der Glauben an Gott dementiert. Man muß das Böse auch nicht tun wollen.

Das ist oft schwierig. Eine Lüge erleichtert manches... Und zeugt die nächste. Das Böse beginnt immer schon im Kleinen, wie Jesus in der Bergpredigt warnte.

Nimmt diese Kettenreaktion in unserer Zeit zu?

Ich fürchte - ja. Grundsätze menschlichen Zusammenlebens werden vermehrt scheinbaren Vorteilen geopfert. Und ebenso handelt man auch weiterhin im großen Maßstab, zum Beispiel zum Nutzen eines Staates. Das Böse tritt nicht nur im Einzelnen auf, in seiner Summe strukturiert es sich gesellschaftlich. Kriege sind eines der fürchterlichen Ergebnisse. Wir müssen uns immer wieder die Macht des Bösen bewußt machen - und wie wir ihm Einhalt gebieten können.

Gespräch: R. Querengässser

177

24. Juni

**Auszug aus der Wächterstimme Nr.33
vom *07.August 1921*!!!**

Was alles <u>los</u> ist in der Welt:

Die Völker sind geldlos,

die Schulden sind zahllos,

die Regierungen sind ratlos,

die Steuern sind maßlos,

die Politik ist grundlos,

die Sitten sind zügellos,

die Vergnügungen gedankenlos,

der Schwindel grenzenlos,

die Aussichten trostlos,

und das alles – **weil gottlos.....**

25.   Juni

Gebet

Während das Bombardement den Schützengraben in Fossalta in Stücke fetzte, lag ich flach und schwitzte und betete: „Ach lieber Herr Jesus, hilf mir hier raus! Bitte, bitte, bitte Christus. Wenn du mich vor dem Tode bewahrst, werde ich allen Leuten in der ganzen Welt sagen, daß du das Einzige bist, worauf es ankommt." Das Granatfeuer zog weiter hinauf. Am Morgen ging die Sonne auf, der Tag war heiß und schwül und ruhig. Am nächsten Abend hinten in Mestre erzählte er dem Mädchen, mit dem er in die Villa Rossa hinaufging, nichts von Jesus. Und er erzählte überhaupt keinem davon.   Ernest Hemingway

26. Juni

5. Juli. Mittwoch Jakobus 4,13–17

Es gibt Leute, die machen skrupellos Geschäfte. Sie lügen, betrügen. Sie tauchen erst da auf, dann dort. Man kann sie nicht fassen.
Es gibt Leute, die mühen sich redlich. Sie arbeiten bis zum Umfallen, kennen keine Freizeit, sind immer im Dienst.
Es gibt Leute, die opfern sich auf für andere. Sie sind rund um die Uhr beschäftigt, Gutes zu tun. Sie organisieren Wohltätigkeitsveranstaltungen, sind Mitglied in allen gemeinnützigen Vereinen.
Es gibt Leute, die schauen sich das Treiben an und bemerken die wachsende Kriminalität, die hohe Arbeitslosigkeit, die große soziale Verunsicherung. Drum, so sagen sie, hat es keinen Zweck sich zu beteiligen.
Es gibt Leute, die haben es schon von Anfang an kommen sehen. Deshalb halten sie sich raus und rein für Gottes Gericht. Viele von den Leuten bekommen einen Herzinfarkt, manche müssen zum Psychiater, denn der Druck ist zu groß. Was sind wir für Leute? Worunter leiden wir? Was wünschen wir uns? Worauf hoffen wir? Woran glauben wir?
Wie ernst nehmen wir die Angst, die Freude, die Hoffnung, den Glauben der anderen?
Dietrich Bonhoeffer schreibt am 22. Dezember 1944 aus dem Gefängnis: „Nicht das Beliebige, sondern das Rechte tun und wagen, nicht im Möglichen schweben, das Wirkliche tapfer ergreifen, nicht in der Flucht der Gedanken, allein in der Tat ist Freiheit. Tritt aus dem ängstlichen Zögern heraus in den Sturm des Geschehens, nur von Gottes Gebot und deinem Glauben getragen und die Freiheit wird deinen Geist jauchzend empfangen."

Verständnisvoll

Zu Mark Twain kam einmal ein Siebzehnjähriger und erklärte:
„Ich verstehe mich mit meinem Vater nicht mehr. Jeden Tag
Streit. Er ist so rückständig, hat keinen Sinn für moderne Ideen.
Was soll ich machen? Ich laufe aus dem Haus!"
Mark Twain antwortete: „Junger Freund, ich kann Sie gut verstehen. Als ich 17 Jahre alt war, war mein Vater genauso unge-
bildet. Es war kein Aushalten. Aber haben Sie Geduld mit so
alten Leuten; sie entwickeln sich langsamer. Nach zehn Jahren,
als ich 27 war, hatte er so viel dazugelernt, daß man sich schon
ganz vernünftig mit ihm unterhalten konnte. Und was soll ich
Ihnen sagen? Heute, wo ich 37 bin – ob Sie es glauben oder
nicht –, wenn ich keinen Rat weiß, dann frage ich meinen alten
Vater. So können die sich ändern!"

28.   Juni

iaft

OBWI054

Dienstag,
24. Februar 2004

Größter Diamant der Galaxie

4000 Kilometer großer Schatz im Zentaur

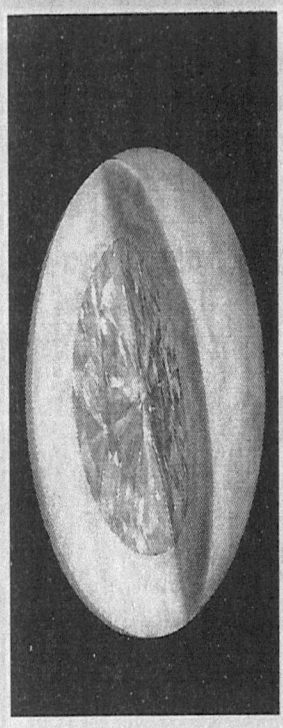

Diamant im All (Illustration: Harvard-Smithsonian Centre/dpa)

Cambridge (dpa). Der größte bekannte Diamant der Milchstraße hat einen Durchmesser von mehr als 4000 Kilometern. US-Astronomen haben ihn in 50 Lichtjahren (475 Billionen Kilometern) Entfernung im Sternbild Zentaur entdeckt.

Der kosmische Superdiamant ist ein kristallisierter so genannter Weißer Zwerg, wie das Harvard-Smithsonian Center für Astrophysik in Cambridge (US-Staat Massachusetts) berichtet. Weiße Zwerge sind Sterne, die ihren gesamten Brennstoff verbraucht haben und bei denen lediglich ein heißer Kern aus extrem verdichteter Materie zurückbleibt. Die Forscher konnten jetzt erstmals nachweisen, dass das Innere dieser Sternleichen auskristallisiert. Die astronomische Kohlenstoffkugel hat 10 Milliarden Billionen Billionen Karat. Verglichen mit dem kosmischen Juwel ist der größte Erddiamant nicht der Rede wert. Der größte je auf der Erde gefundene Rohdiamant hatte 3100 Karat.

29.   Juni

O A GE6 24 — Sonnabend, 24. Januar 2004

Wort zum Sonntag

Die Blumen im Teppich des Lebens

Von Pfarrer Rainer Wehner

Eine alte Sage aus Asien erzählt: „Ein reicher Mann starb und erwachte im Paradies. Eine reich gedeckte Tafel verhieß wahrhaft himmlische Freuden. Und alles kostete nur 10 Cent, wurde gesagt. Da dachte der Mann an seinen großen Reichtum und freute sich von Herzen. Doch als er bezahlen wollte, schüttelte man den Kopf: Bei uns gilt nur das Geld, das einer verschenkt hat. Da wurde der Mann traurig, denn er war plötzlich bettelarm. Er hatte nichts in seinem Leben verschenkt."

Pfr. Rainer Wehner

Gut, dass uns das nicht passieren kann. Wir haben ja erst zu Weihnachten wieder viele Geschenke ausgetauscht. Aber das ist wohl nicht in dieser Sage gemeint. Viele sagen: Wenn ich reich wäre, dann würde es mir leicht fallen, etwas zu spenden oder zu verschenken. Das Seltsame ist oft nur: Je mehr ich habe, desto mehr entdecke ich, was ich alles noch haben könnte. Mit steigendem Wohlstand steigen auch die Ansprüche. Das macht das Hergeben und Schenken auch nicht leichter. Da muss ich erst recht sehen, wie ich mein Geld zusammenhalte und vermehre. „Geiz ist geil" ist deshalb zu einem beliebten Werbespruch geworden. Kürzlich sagte mir jemand: „Die Menschen in den ärmeren Ländern haben es auch leichter, mit weniger auszukommen. Sie haben schließlich nicht solche Ansprüche wie wir."

Es ist also völlig berechtigt, dass die, die mehr haben, auch höhere Ansprüche haben dürfen, die befriedigt werden müssen, ehe sie etwas verschenken können. Das klingt logisch. Denn, wer etwas verschenkt, wird dadurch ärmer. Und wer wird schon gern ärmer?

Nun behauptet diese alte Sage aber genau das Gegenteil. Wer etwas verschenkt, wird reicher. Das wird aber nur der entdecken, der sich ein Geschenk nicht aus dem Herzen reißt, sondern es von Herzen gibt. Der damit anderen Freude machen will. Und wenn mir das gelingt, freue ich mich mit. Wird auch mein Leben ein Stück froher und heller. Und damit reicher. Es ist die Freude, die das Leben reich macht. Was nützt mir aller Wohlstand, wenn ich mich nicht darüber freuen kann. Was nützt es mir, etwas zu verschenken, wenn ich damit keine Freunde machen will. Auf einer Spruchkarte habe ich gelesen: „Kleine Freuden sind Blumen im Teppich des Lebens." Ohne diese Blume, ohne die Freude, ist das Leben eintönig und grau. Erst die Freude bringt Farbe ins Leben. Wer sie verschenkt, wird nicht ärmer, sondern reicher.

183

Gotteswort

Es ist zuverlässig bekannt, daß der berühmte Arzt Dr. Virchow, dieser große Forscher und „Freidenker", eines Tages seine Tochter in einer christlichen Schule anmeldete. Auf die verwunderte Frage der Vorsteherin, Fräulein Burtin, ob er nicht wisse, daß sie die Kinder im christlichen Geist zu erziehen suche, antwortet er : „Eben darum bringe ich Ihnen meine Tochter. Ich möchte, daß meine Kinder einmal glücklicher werden als ihr Vater." Mit bitterem Lächeln soll Dr. Virchow einmal zu einem Studenten gesagt haben: „Gehen Sie in den Saal der krebskranken Frauen und versuchen Sie es, diese mit Goethe oder Schiller zu trösten." Mit Schillers Gedichten auf dem Nachtschrank kann man dem Tod nicht ins Gesicht sehen. Mit dem Gotteswort können wir das. Es ist unser Lebenswort.

Es hat noch Zeit

Von einem Prediger wird erzählt, er habe in einer Samstagnacht im Traum einer Versammlung böser Geister beigewohnt, die berieten, wie sie am Sonntag am besten der Menschen Seelen fangen konnten. „Ich will ihnen sagen: es gibt keinen Gott", schlug einer vor. „Das werden sie nicht glauben; denn schon die Natur könnte sie eines anderen belehren", entgegnete ihm Beelzebub. „Ich will ihnen einreden: mit dem Tode ist alles aus", meinte ein zweiter. „Aber ihr Gewissen läßt ihnen darüber keine Ruhe", sagte darauf der Oberste. Da machte ein dritter den Vorschlag: „Ich will alles gelten lassen, was die Bibel und das Gewissen ihnen von Buße und Glauben sagt, aber hinzufügen: es hat noch Zeit." „Vortrefflich", rief da Beelzebub aus; „geht hin und handelt nach dieser Regel!"

2. Juli

Die Erde - *Gaia,* unser Mutterplanet - ist etwa fünf Milliarden Jahre alt. Ist in solcher, nach kosmischen Begriffen relativ kurzer Zeit das Leben hier wirklich *von selbst* entstanden, indem die dazu nötigen Aminosäuren sich organisierten und zur richtigen Zeit den richtigen Weg zur Evolution einschlugen, so daß ein zur Wiederholung fähiges Aggregat von Enzymen entstehen konnte? Daraus - so Deardorff - leitet man ab, daß Leben auf der Erde und der Mensch selbst durch einen statistischen *Zufall* entstanden ist, der gar nicht stattgefunden haben dürfte und folglich nur *einzigartig* sein kann. Eine solche Möglichkeit muß ausgeschlossen werden. Oder kann man sich vorstellen, daß man aus einer Ausgabe des *Faust* von Goethe sämtliche Buchstaben ausschneidet, sie in eine Schachtel gibt und darauf wartet, daß sie sich vielleicht eines Tages zu einer der größten Dichtungen der Menschheit formieren? Niemand wird im Ernst daran festhalten.

3. Juli

16. Oktober. Dienstag   Lukas 18,18–30

Ein reicher Mann dachte auch im Sterben nur an das,
woran er sein Leben lang gedacht hatte: an sein Geld.
Mit letzter Kraft löste er den Schlüssel vom Band, das
er um den Hals trug, winkte der Magd, deutete auf die
Truhe neben seinem Lager und befahl ihr, ihm den großen
Beutel Geld in seinen Sarg zu legen.
Im Himmel angekommen, sah er einen langen Tisch,
auf dem die feinsten Sachen standen. »Sag, was kostet
das Lachsbrot?«, fragte er. »Eine Kopeke«, wurde ihm

geantwortet. »Und die Sardine?« – »Gleich viel.« – »Und
die Pastete?« – »Alles eine Kopeke.« Er schmunzelte.
Billig, dachte er, herrlich billig. Und er wählte sich eine
ganze Platte voll aus.
Aber als er mit einem Goldstück bezahlen wollte, nahm der
Verkäufer die Münze nicht an. »Alter«, sagte er und schüttelte den Kopf, »was hast du nur im Leben gelernt?« »Was
soll das?«, murrte der Alte. »Ist mein Geld nicht gut
genug?« Da hörte er die Antwort: »Wir nehmen nur das
Geld, das einer verschenkt hat.«
Ich weiß nicht, wer diese Legende »Gültige Währung«
geschrieben hat. Aber eines hoffe ich, daß die zahllosen
reichen Jünglinge dieser Welt (beiderlei Geschlechts!) dieses gültige Zahlungsmittel nutzen, ohne darüber traurig
werden zu müssen.

Wir beten: Ich erwarte, daß ich nur einmal durch die Welt
gehe. Deshalb will ich alles Gute, das ich tun kann, jetzt
tun, und jede Freundlichkeit, die ich einem Menschen
erweisen kann, jetzt erweisen. Ich will es nicht verschieben
und nicht übersehen, denn ich werde den gleichen Weg
nicht zurückkommen. Amen.   Stephen Gellert

Wir singen: Danke ... EG 334

187

4. Juli

Altkatholische Kirche
==========================

Ein ungläubiger Mensch behauptete, daß die Menschen nur an
Gott glauben, weil es ihnen von Kindheit an eingeredet wird.
Er wollte mit folgendem Experiment den Beweis erbringen:

Er nahm ein Kind und zog es entfernt von den Menschen auf,
erzählte ihm nichts von Gott und einer Seele. Als das Kind
herangewachsen war, mußte er eines morgens folgendes erleben:

Dieses Kind stand am Fenster und schaute in die Sonne und
sagte: "O, Sonne, wie bist du so schön und groß, wie groß muß
aber der sein, der dich geschaffen hat ? Wenn du ihn siehst,
so grüße ihn von mir und sage, daß ich ihn verehre und an ihn
glaube, daß ich ihn liebe."

Gott bewies, daß er keine Menschen braucht, um in die Seele
das Heimweh zum Vaterhaus hineinzulegen. Das tut er selbst.
Wir sind von Gott gekommen und gehen zu ihm zurück.

5. Juli

Vorgelegt

Bibel in 2262 Sprachen

Stuttgart (dpa). Die gesamte Bibel oder Teile des „Wortes Gottes" sind zur Zeit in 2262 Sprachen erhältlich. Im vergangenen Jahr seien 28 Übersetzungen neu herausgekommen, teilte die Deutsche Bibelgesellschaft mit. Die Anzahl der gesprochenen Sprachen weltweit wird auf 6500 geschätzt. Die Bibel bleibe somit das am häufigsten übersetzte Buch in der Weltgeschichte. Momentan arbeiten Übersetzer im Auftrag des Weltbundes der Bibelgesellschaften an 672 Übersetzungen.

6. Juli

Man sieht nur mit dem Herzen gut!

Vorfreude

Hinter lichterhellen Scheiben
Leuchtet schon der Weihnachtsbaum,
In dem aufgeregten Treiben
Wirkt er wie ein holder Traum.
In den Straßen welch ein Laufen!
In den Läden welch Betrieb!
Jeder eilt, um noch zu kaufen
Für die Menschen, die ihm lieb.
Froh, mit stets bereiten Händen
Tauscht er Ware gegen Schein,
Denn er will ja Freude spenden,
Daran denkt er ganz allein.
Schwer bepackt, mit vollen Taschen
Hastet er sodann nach Haus,
Niemand darf ihn überraschen,
Sonst ist's mit der Freude aus.
Wie ein Hamster im Verstecke
Birgt er seine Beute dann
Irgendwo in einer Ecke,
Wo sie keiner finden kann.
Bis am Baum die Lichter brennen,
Und der Kinder Auge lacht,
Dann darf er sich glücklich nennen,
Weil er and're glücklich macht.

8. Juli

In einem guten Wort ist Wärme
für drei Winter.

Mongolei

Montag

Ein Prediger ist gut, wenn seine Gemeinde beim Fortgehen nicht sagt:

„Welch herrliche Predigt!", sondern: **„Ich werde etwas tun!"**

Franz von Sales

10.   Juli

Gott liebt uns nicht,
weil wir so wertvoll sind,
sondern wir sind so wertvoll,
weil Gott uns liebt.

Helmut Thielicke

11. Juli

Wer die Welt verändern will, kann
gleich bei sich selber anfangen.

Pearl S. Buck

Wie erklärt man Unbegreifliches? Und wie kommt man selbst damit klar?

Jesus zitiert Psalm 69.5: **„Sie hassen mich ohne Grund!"**

Es ist eine bittere Erfahrung Treue zu leben und betrogen zu werden. Liebe zu verschenken und aus Neid dafür gehasst zu werden.

Sonne und Schild

13. Juli

Lass nie zu,
dass du jemandem begegnest,
der nicht nach der Begegnung mit dir
glücklicher ist.

Mutter Teresa

Bleibt in mir, dazu fordert Jesus seine Jünger immer wieder auf!

Bleibt in mir und das ist auch stimmig: Liebe, eine lebendige Beziehung wächst und reift im **Beieinander-Bleiben. Miteinander reden.** Zeit zusammen verbringen. Vertrauen aufbauen. Das ist die Art von Beziehung, die Jesus von uns wünscht.

Bettina Morkel

15.   Juli

Die Logik des Evangeliums

Wir haben keine Zeit zuzuhören! Wir haben diese Fähigkeit verloren! Wenn wir nicht zuhören, **nehmen wir die anderen nicht auf.** Und wenn wir nicht aufnehmen, sind wir keine Christen und werden nicht ins Himmelreich aufgenommen werden. Das ist etwas Mathematisches. Das ist so, **Das ist die Logik des Evangeliums.**

Papst Franziskus

Gott lässt sich finden

Wenn etwas verloren ging, gibt es zwei Möglichkeiten: Keinen Stress, was weg ist ist weg! Oder: Suchen, suchen! Wichtig ist, was ging verloren? Ist es eine Sonnenbrille oder der Auto-schlüssel? Eine Creme oder der Ehering? **Oder der Glaube an Gott?**

Der Dichter Heinrich Heine hatte lebenslang Mühe mit seinem Glauben. Spät bekennt er: „Ich verdanke meine Erleuchtung ganz einfach der Lektüre eines Buches und dieses Buch heißt kurzweg das Buch, **die Bibel.**" Mit Fug und Recht nennt man dieses auch die Heilige Schrift. Wer seinen Gott verloren hat, der kann ihn in diesem Buch wiederfinden, und wer ihn nie gekannt, dem weht hier entgegen der Odem des göttlichen Wortes. Übrigens: **Gott lässt sich gerne finden.**

Egmond Prill

17. Juli

Die Unentgeltlichkeit

Wir vergessen allzu oft den Sinn der Unentgeltlichkeit, und wir vergessen, das die Unentgeltlichkeit die Sprache Gottes ist. Er hat uns unentgeltlich geschaffen. Und Jesus mahnt uns: **„Umsonst habt ihr empfangen, umsonst sollt ihr geben!"** Für uns alle besteht heute die große Gefahr, dass die Unentgeltlichkeit verloren geht.

Papst Franziskus

Gebet
Unter der Weite des nächtlichen
Himmels stehe ich an manchen
Tagen, Gott. Und ich spüre, wie
klein und zerbrechlich ich bin.
Und deine Welt, das All, die
Welten um mich unermesslich,
unbegreiflich. Und ich werde
still ein Teil deiner Schöpfung.

Impuls für den Tag

19. Juli

Und meine Seele spannte
weit ihre Flügel aus,
flog durch die stillen Lande
als flöge sie nach Haus ...

Joseph von Eichendorff

20. Juli

Je lauter
Unsere heutige Welt wird,
Je tiefer scheint Gott zu schweigen.
Schweigen ist die Sprache der Ewigkeit;
Lärm geht vorüber.

Gertrud von Le Fort

21.   Juli

Vertraue dem
Menschen, der drei
Dinge an dir bemerkt:

Den Kummer
hinter deinem Lächeln,

die Liebe
hinter deinem Zorn

und den Grund
deines Schweigens.

Sprüche für die Seele

22. Juli

Du sollst deinem Schöpfer dienen,
als gäbe es auf der Welt nur
einen Menschen, dich allein.

Martin Buber

23.   Juli

Die Kraft der Liebe ist unwiderstehlich.
Die Liebe ist es, die wirklich die Welt voranbringt.

Papst Benedikt XVI.

Vor Gott muss man sich beugen,
weil er so groß ist, vor einem Kind,
weil es so klein ist.

Johann Heinrich Pestalozzi

24.   Juli

*D*ein wichtigster Tag ist heute.
Darum erfülle ihn
mit Frieden, Liebe
und Gedanken der Freude.

Franz Hübner

25. Juli

Jedes Licht ist
ein Symbol dafür,
dass Gott in dieser Welt
noch unterwegs ist.

Ruth Rau

26. Juli

*L*ebendiger Gott,
öffne unsere Herzen,
damit wir das Wirken des Geistes spüren,
öffne unsere Hände, damit wir sie
unseren Mitmenschen entgegenstrecken.

Aus El Salvador

27.   Juli

Wer liebt,
schenkt her,
statt festzuhalten.
Wer liebt,
schenkt Licht,
schenkt Freude,
schenkt Leben.

Adalbert Ludwig Balling

28.   Juli

Alles beginnt mit der Sehnsucht

Alles beginnt mit der Sehnsucht,
immer ist im Herzen Raum für mehr,
für Schöneres, für Größeres.
Das ist des Menschen Größe und Not:
Sehnsucht nach Stille,
nach Freundschaft und Liebe.

Und wo Sehnsucht sich erfüllt,
dort bricht sie noch stärker auf.

Fing nicht auch Deine Menschwerdung, Gott,
mit Sehnsucht nach dem Menschen an?

So lass nun unsere Sehnsucht damit anfangen,
Dich zu suchen,
und lass sie damit enden,
Dich gefunden zu haben.

Nelly Sachs

29. Juli

Wir bitten
Gott, den Allmächtigen, er möge uns
behilflich sein, dass wir Weihnachten nicht
wie Karneval feiern. Dass wir das Wunder von
Bethlehem nicht mit einem Musical plus
Domführung verwechseln..... sondern, dass
wir die Stille und das Heilige, nicht nur in
der Nacht neu entdecken. - unser kleines und
endliches Sein spüren. - mit Jesus Christus
neu auf die Welt kommen. Große Freude
ist uns verkündet worden, sie soll in uns
leben. Zuversicht werden uns begleiten -
    Christus ist unter uns, urjung und uralt
        Freiheit und Erlösung als
        Geschenk. In diesem Sinne

Gerlinde

30. Juli

Die Engel
offenbaren sich –
allerdings nur jenen, die
sie lieben und anrufen.

Charles Kardinal Journet

31. Juli

*B*lumen sind Engel,
damit der Mensch
nicht ganz vergesse,
was absolute Schön-
heit ist. Blumen sind
Sendboten Gottes
aus einer anderen,
vollkommenen Welt.

Zenta Maurina

1. August

$\mathcal{D}$as schönste
Erlebnis ist die
Begegnung mit dem
Geheimnisvollen.

Albert Einstein

Wer meint, seine Zeit sei zu kostbar, als das er sie mit Zuhören verbringen dürfte, der wird nie wirklich Zeit haben für Gott und den Bruder, sondern nur immer für sich selbst, für seine eigenen Worte und Pläne.

Dietrich Bonhoeffer

3. August

*W*as der Menschheit
unmöglich ist, vermag
die Macht und die Kraft
der Engel zu vollbringen.

Joseph Glanvill

4. August

*E*ngel legen
uns Schlüssel
für die Herzen
von anderen
in die Hand.

Odilo Lechner

5. August

*E*s müssen nicht
Männer mit Flügeln
sein, die Engel.

Rudolf Otto Wiemer

6. August

*W*enn Engel reisen,
lacht der Himmel.

Sprichwort

7. August

*M*öge ein Schutzengel
auf all deinen Wegen
dein Begleiter sein
und dir dort, wo er dir
nicht folgen kann, einen
deftigen Knotenstock in
die Hand geben.

Irischer Segenswunsch

8. August

*G*ott kommt in Engeln
zu uns, in Menschen,
die uns nahe sind.

Norbert Göttler

9. August

Wenn Menschen
einander lieben,
singen die Engel.

Weisheit aus Brasilien

10. August

*E*ngel schlafen nicht.
Sie sind auch wach,
wenn wir träumen.

Odilo Lechner

11. August

*S*chweigen ist der
einzige Segen, den Engel
Gottes spenden, wenn
die Seele in großer
Betrübnis verstummt.

John Greenleaf Whittier

12. August

𝓔ngel kommen,
wann sie wollen.
Immer erscheinen
sie unerwartet.
Und oft erst dann,
wenn man kaum
mehr mit ihnen
rechnet.

Hans-Martin Köbler

13.   August

$\mathcal{E}$s ist wundervoll,
dass jeder Engel,
in welche Richtung
er seinen Körper
und sein Gesicht
auch wenden mag,
Gott vor sich sieht.

Emanuel Swedenborg

14.   August

$\mathcal{E}$ngel können ganz
menschlich aussehen.
Menschen wie du und
ich können einander
zu Engeln werden.

Hans-Martin Köbler

15.   August

Und der Engel, der mit
mir redete, kam wieder
und weckte mich auf,
wie einer vom Schlaf
erweckt wird, und
sprach zu mir:
Was siehst du?

Sacharja 4,1-2a

16.   August

*D*ie Welt ist voller Boten
mit Botschaft insgeheim:
Bei Lebenden und Toten
soll keiner einsam sein.

Rudolf Alexander Schröder

17. August

$\mathcal{D}$enkt oft an eure Engel,
damit ihr öfters an euren
Gott denkt!

Johann Michael Sailer

18. August

$\mathcal{B}$leibt, ihr Engel, bleibt
bei mir! Führet mich auf
beiden Seiten, dass mein
Fuß nicht möge gleiten.
Aber lehrt mich auch
allhier euer großes Heilig
singen und dem Höchsten
Dank zu bringen.

Cantate zum Michaelisfest
Johann Sebastian Bach

19.　August

*G*ottes Engel brauchen
keine Flügel.

Claus Westermann

20.   August

*E*ngel schweben herab
und bringen vom
Himmel das Echo
der Gnade und das
Geflüster der Liebe.

Fanny J. Crosby

21.   August

Der Engel Gottes sei
in dir, um dich zu trösten,
wenn du traurig bist.

Irischer Segenswunsch

22.   August

Zum Mitleiden gehört
nur ein Mensch,
zum Mitfreuen ein Engel.

Jean Paul

23.   August

Von allen Gefährten,
die mich begleiten,
ist mir keiner so treu
geblieben wie
der Schutzengel.

Clemens Brentano

24. August

*B*ei allen unseren
guten Werken
wirken die Engel mit.

Thomas von Aquin

# 25.	August

*E*ngel wohnen
nebenan, wohin wir
immer ziehn …

Emily Dickinson

26.   August

*B*ei kranken Menschen
braucht es Engel, die
man nicht bemerkt,
wenn sie helfen,
aber vermisst,
wenn sie fehlen.

Chiara Lubich

27. August

$\mathscr{D}$er Schmerz ist
ein heiliger Engel,
und durch ihn sind
Menschen größer
geworden als durch alle
Freuden dieser Welt.

Adalbert Stifter

28.   August

Dein heiliger Engel
sei mit dir,
dass der böse Feind
keine Macht an dir
finde.

Luthers Morgensegen

29. August

$\mathcal{U}$nd der Engel
sprach zu ihnen:
Seid getrost und
fürchtet euch nicht!

Tobias 12,17

30.   August

Nur wenn sie
zum Himmel fliegen,
treten Engel
in Erscheinung.

Robert Browning

31.   August

$\mathcal{D}$er heilige Engel
des Herrn sei bei
dir auf dem Wege
und bringe dich
gesund wieder heim.

Tobias 5,22

1. September

*U*nablässig steigen die Engel, die Boten zwischen Gott und uns, treue Diener, auf und nieder.

Martin Luther

2. September

*G*ott sende dir
Schutzengel, sie
mögen deinen Schlaf
bewachen und da
sein, wenn du wieder
erwachst. Die Engel
Gottes begleiten
dich durch den Tag
und schenken dir
Kraft in Stunden der
Prüfung.

Irischer Segenswunsch

3. September

*E*ngel sind Zeichen
der Liebe Gottes.

Hans Wallhof

4. September

$\mathcal{W}$o zwanzig Teufel sind, da sind auch hundert Engel; wenn das nicht so wäre, dann wären wir schon längst zugrunde gegangen.

Martin Luther

5. September

*W*ie viele Engel gibt es?
Einer, der unser Leben
verändert, genügt völlig.

Sprichwort

6. September

$\mathcal{A}$lles Sichtbare auf
dieser Welt steht
unter dem Schutz
eines Engels.

Augustinus von Canterbury

7. September

Wenn ein Kind stolpert,
hält ein guter Engel
seine Hand hin.

Jüdische Weisheit

8. September

So zieht hin!
Gott sei mit euch
auf dem Wege, und
sein Engel begleite euch!

Tobit 5,17

9. September

*E*ngel haben keine
Flügel wie die Vögel,
sondern fliegen viele
Male so schnell –
im gleichen Maße
wie die menschlichen
Gedanken.

Hildegard von Bingen

10.   September

*G*ibt es heut noch Engel,
der Welt von Gott
gesandt? Gott hat uns
alle zu Boten bestellt,
ruft seine Botschaft
hinaus in die Welt.

Barbara Cratzius

11.   September

$\mathcal{A}$lle Geschöpfe
können zu Boten Gottes,
zu Engeln werden,
die er uns schickt,
wenn wir sie brauchen.

Benedikt Ambacher

12.   September

*D*ie Engel des Herrn geben dir Schutz auf dem Meer der Zeit und sollen dein kleines Lebensschiff bewahren in Klippen und Sturm.

Irischer Segenswunsch

13.   September

Freunde sind wie Laternen
auf einem langen Weg.
Sie machen ihn nicht kürzer-
aber manchmal etwas heller...

14.   September

15.   September

16. September

Sag nicht: „Ich habe das Rezept für dich!" Nein, als Freund, ganz ruhig gib ihnen Kraft mit deinen Worten, gib ihnen Kraft mit dem Zuhören, mit dieser Medizin, die in Vergessenheit gerät: **„die Zuhör Therapie."**

Papst Franziskus

17. September

Sag doch einfach mal Danke...

- und du siehst mit neuen Augen.

- und du lernst wieder staunen über Kleinigkeiten.

- und der Konkurrenzkampf hat ein Ende.

- und die Rechthaberei verstummt.

- und die schlechten Gedanken verkümmern.

- und die Atmosphäre wird spürbar wärmer.

- und du lernst, was glauben bedeutet.

- und du durchbrichst die Selbstverständlichkeit.

- und du findest wieder Zugang zu den Menschen.

- und du kannst wieder aufatmen.

- und du entdeckst einen Schatz.

- und die Gesichter werden fröhlicher.

- und lass dich beschenken.

- und denk nicht: Wie muss ich's vergelten?

Sag doch einfach mal Danke - zu einem Menschen.

Sag doch einfach mal Danke - zu Gott!

Sag doch einfach mal Danke - sag's doch!

Friedhelm Geiß

Geborgenheit

In meinen dunklen Tagen
Strahlt hell ein milder Schein,
Gott will mich immer tragen,
Will Arzt und Helfer sein.

Er kennt die bangen Nächte,
Den schmerzensreichen Tag,
Steht treu zu seinem Knechte,
Daß er nicht zagen mag.

So will ich Jesu trauen
In Krankheit und in Leid,
Bis ich Ihn einst darf schauen
In seiner Herrlichkeit.

Herbert Eichler

19.   September

Weißt du, wie der Sommer riecht?

Nach Birnen und nach Nelken,
nach Äpfeln und Vergissmeinnicht,
die in der Sonne welken.
Nach heißem Sand und kühlem See
und nassen Badehosen.
Nach Wasserball und Sonnencrem,
nach Straßenstaub und Rosen.

Weißt du, wie der Sommer schmeckt?

Nach gelben Aprikosen und Walderdbeeren
halb versteckt zwischen Gras und Moosen.
Nach Himbeereis, Vanilleeis und Eis aus Schokolade,
nach Sauerklee vom Wiesenrand und Brauselimonade.

Weißt du, wie der Sommer klingt?

Nach einer Flötenweise, die durch die Mittagsstille dringt,
ein Vogel zwitschert leise,
da fällt ein Apfel in das Gras,
der Wind rauscht in den Bäumen,
ein Kind lacht hell,
dann schweigt es schnell und möchte lieber träumen.

Ilse Kleberger

20. September

Und einmal nur am Tage
ein Weilchen stille sein,
und einmal nur am Tage
mit deinem Gott allein,
das löst dir manche Frage,
das lindert manches Leid,
dies Weilchen nur am Tage
hilft dir zur Ewigkeit

21.   September

Groß ist unser Herr und groß
seine Macht und seiner Weisheit kein Ende. Lobt ihn,
Sonne, Mond und Planeten, in
welcher Sprache immer euer
Loblied dem Schöpfer
erklingen mag.

Johannes Keppler, Astronom und Theologe

22.   September

Der HERR ist mein Hirte, mir
wird nichts mangeln. Er lagert mich auf grünen
Auen, er führt mich zu stillen Wassern. Er
erquickt meine Seele. Er leitet mich in Pfaden
der Gerechtigkeit um seines Namens willen.
Auch wenn es mir nicht gut
geht, fürchte ich kein
Unheil, denn du bist
bei mir; dein Stecken
und dein Stab, sie
trösten mich ...

Psalm 23

23.   September

Als eine Welle der Vaterliebe kommt uns die Güte Gottes in der Schöpfung entgegen, die Er aus Liebe zu uns schuf. Keinen schließt diese Liebe aus – Er liebt auch dich!

MB

24. September

Welche
Möglichkeit
ist es,
Gott,
dem Vater,
zu singen,
Ihm Worte
des Dankes
und der Liebe
zu bringen,
wenn wir uns an
der Schönheit
Seiner Schöpfung
freuen!
Kaufe sie aus,
denn Danken
bringt dir Gottes
Hilfe hernieder!

MB

25.   September

Die
Herrlichkeit
der Schöpfung
ruft aus, wie groß
Gott ist.
Doch größer als
Seine Schöpfer-
herrlichkeit ist dies,
daß Er ein Vater ist.
Er kümmert sich
liebend um
Seine
Kinder,
auch
um deine
kleinste
Not.

MB

26.   September

Gott
hat die
Welt so schön
gemacht,
um uns
eine Antwort
zu entlocken:
den Dank,
das Jauchzen
und Singen,
das aus einem
den Vater liebenden
Herzen kommt.
Er wartet auf die
Antwort unserer
Liebe, die Ihn erfreut.
Laß Ihn
nicht warten!
MB

27.   September

Ich wünsche Dir nicht alle möglichen Gaben,

ich wünsche Dir nur, was die meisten nicht haben:

ich wünsche Dir Zeit, Dich zu freuen und zu lachen,

und wenn Du sie nützt, kannst Du etwas draus machen.

Ich wünsche Dir Zeit für Dein Tun und Dein Denken,

nicht nur für Dich selbst, sondern auch zum Verschenken.

Ich wünsche Dir Zeit, nicht zum Hasten und Rennen,

sondern die Zeit zum Zufriedenseinkönnen.

Ich wünsche Dir Zeit, nicht nur so zum Vertreiben.

Ich wünsch Dir Zeit, neu zu hoffen, zu Dir selber zu finden,

jeden Tag, jede Stunde als Glück zu empfinden.

Ich wünsche Dir: Zeit zu haben zum Leben!

28.   September

MIT **40** BEGINNT DAS ALTSEIN DER JUNGEN UND DAS JUNGSEIN DER ALTEN.

FRANZÖSISCHES SPRICHWORT

29. September

Gehe aufrecht
wie die Bäume.
Lebe dein Leben
so stark wie
die Berge.
Sei sanft
wie der
Frühlingswind.
Bewahre
die Wärme
der Sonne
im Herzen.
Und der
große Geist
wird immer
mit dir sein.

WEISHEIT DER
NAVAJO-INDIANER

Grafik: Beate Heinen

30.   September

Gleichgültig

Das ist die große Schwierigkeit für die Hoffnung: Wenn man dich in einer Familie oder in einer Gesellschaft oder in einer Schule oder in einer Gruppe von Freunden spüren lässt, dass du ihnen gleichgültig bist. Und das ist hart, ist schmerzlich, aber es kommt vor. Das tötet, das richtet uns zugrunde, und das ist das Einfallstor für sehr viel Schmerz.

Papst Franziskus

Heute optimistisch sein

2. Oktober

Probleme sind nichts weiter
als dornige Chancen.

H. M.

246/11

Die ganze Kunst der Sprache
besteht darin,
verstanden zu werden.

Konfuzius

247/11

3. Oktober

Altsein ist
eine ebenso schöne Aufgabe
wie Jungsein.

241/11

Wer durch des Argwohns
Brille schaut,
sieht Raupen selbst
im Sauerkraut.

Wilhelm Busch

243/11

4. Oktober

Der Glückliche
ist mit sich und
seiner Umgebung einig.

Oscar Wilde

244/11

Das Leben ist bezaubernd.
Man muss es nur durch
die richtige Brille sehen.

Alexandre Dumas

248/11

5. Oktober

Der Narr sucht das Glück
in der Ferne,
dem Weisen wächst es
unter den Fußsohlen.

James Oppenheimer

249/11

Mische Tun und Nichtstun,
und du verbringst dein Leben
in Fröhlichkeit.

Weisheit aus Rußland

250/11

6. Oktober

Das Herz hat seine Gründe,
die der Verstand
nicht kennt.

Blaise Pascal

256/12

Man muss ins Gelingen
verliebt sein,
nicht ins scheitern.

Ernst Bloch

265/12

7. Oktober

Glück ist ein Prozess,
ist die Fertigkeit, zwischen
Traum und Wirklichkeit
eine eigene Lebenskonzeption
zu finden.

Inge Runge

268/12

Wer seinen
Nächsten verurteilt,
kann irren.
Wer ihm verzeiht, irrt nie.

Karl Heinrich Waggerl

285/13

8. Oktober

Ordnung ist die Lust
der Vernunft,
Unordnung die Wonne
der Fantasie.

232/11

Wer nicht
an Wunder glaubt,
ist kein Realist.

David Ben Gurion

272/12

9. Oktober

Wie Du
über Dich selbst denkst,
    ist viel wichtiger als das,
was andere über dich denken.

Seneca

269/12

Ein Freund ist ein Mensch,
    der die Melodie deines
Herzen kennt
    und sie dir vorspielt,
wenn du sie vergessen hast.

Albert Einstein

270/12

10.   Oktober

Nicht mit brennenden Kerzen
entzündet man die Welt,
    sondern
mit brennenden Herzen.

Peter Lippert

252/11

Ein Lebenskünstler ist,
    wer sich von den lästigen
Kleinkriegen des Lebens
    nicht kleinkriegen lässt.

Curt Goetz

235/11

11.   Oktober

Der Weisheit letzter Schluss
ist sehr oft
ein neuer Anfang.

181/08

Alter schützt vor der Liebe nicht,
aber Liebe vor dem Altern.

169/08

# 12.	Oktober

Die Familie findet nur
ihr Glück,
wenn es jeder einzelne findet.

182/08

Versuche nicht
aus dem Anderen
das zu machen, was du bist.
Du weißt es, Gott weiß es:
Einer von deiner Sorte reicht.

Reinhold Ruthe

282/13

13.   Oktober

Wenn Du liebst,
verändert sich die Welt.

Paulo Coelho

284/13

Sobald Du Dir vertraust,
sobald weißt Du
zu leben.

J. W. v. Goethe

280/13

14.   Oktober

In der Stille
   entdeckst Du Signale,
die Du in der Hast überfährst.

Paul Toaspern

271/12

Alle guten Werke
   sind nur möglich,
weil das Herz
   keine Vernunft kennt.

Karl Heinrich Waggerl

277/13

15.   Oktober

Fürchte dich nicht,
   langsam zu gehen,
aber fürchte dich,
   stehenzubleiben.

Chin. Sprichwort

233/11

Viele suchen ihr Glück
   wie eine Brille,
die sie auf der Nase tragen.

234/11

16. Oktober

Der eine wartet,
  dass die Zeit sich wandelt,
der andere packt sie kräftig an
und handelt.

Dante

231/11

Zum Erfolg
gibt es keinen Lift.
Man muss
die Treppe benutzen.

236/11

17.   Oktober

Es kommt nicht darauf an,
dem Leben
mehr Jahre zu geben,
sondern den Jahren
mehr Leben zu geben.

Alexis Carrel

262/12

Lass los
und alles wird möglich.

261/12

# 18.	Oktober

Von echter Liebe
dürft Ihr sprechen,
wenn Ihr einander nicht mehr
verbessern wollt.

V. Uyen

263/12

Das höchste Gut
ist die Harmonie der Seele
mit sich selbst.

Seneca

260/12

19. Oktober

**Das Wesentliche
auf der Welt
ist unsichtbar**

Antoine de Saint-Exupéry

208/09

**Am reichsten
sind die Menschen,
die auf das meiste
verzichten können.**

Rabindranath Tagore

239/11

20.   Oktober

Die Kunst des Ausruhens
ist ein Teil des Arbeitens.

John Steinbeck

240/11

Ein Augenblick Geduld
kann viel Unheil verhüten.

Chinesisches Sprichwort

238/11

21. Oktober

Manchmal muss man
die Augen schließen,
um klarer zu sehen.

Weisheit aus Arabien

230/11

Geh deinen Weg
und lass die Leute reden.

Dante Aligherie

237/11

22.   Oktober

Gute Menschen
sind ansteckend.

Peter Rosegger

173/08

Kein Mensch kann
wunschlos glücklich sein,
denn das Glück besteht
ja gerade im Wünschen.

Attila Hörbiger

227/10

23.   Oktober

Der Mensch kriegt immer
so viel Kraft, wie er braucht-
aber erst dann, wenn er
sie braucht.

Dietrich Bonhoeffer

226/10

Die Welt lebt von denen
die mehr tun
als sie müssen.

78/04

24.   Oktober

Ich mache mir keine Gedanken
um die Zukunft,
sie kommt schnell genug.

Albert Einstein

155/07

Die Vergangenheit
sollte ein Sprungbrett sein,
nicht ein Sofa.

Harold Macmillan

157/07

25.   Oktober

Es gibt kein Wunder für den,
der sich nicht wundern kann.

Marie von Ebner-Eschenbach

156/07

Es gibt nichts,
was nicht geändert werden kann.

133/06

26.   Oktober

Wenn du verzeihst,
weicht der Groll aus deinem Herzen
und du kannst wieder lieben.

Monica Maria Mieck

161/07

Es liegt
in der menschlichen Natur,
vernünftig zu denken und
unvernünftig zu handeln.

Anatole France

172/08

27. Oktober

Wer fragt,
ist ein Narr für fünf Minuten.
Wer nicht fragt,
bleibt es für immer.

Chines. Sprichwort

103/05

Wie herrlich ist es,
    dass niemand eine Minute
zu warten braucht,
    um damit zu beginnen,
die Welt langsam zu verändern.

Anne Frank

257/12

28.   Oktober

Ich danke dir für den Mut,
die Wahrheit
auszusprechen.

258/12

Wer ein Ziel hat,
nimmt auch schlechte Straßen
in Kauf.

Kyrilla Spieker

107/05

29.   Oktober

Die Gelassenheit
   schärft den Blick
für das Wesentliche.

Weisheit aus China

219/10

Selbstbewusstsein ist
   etwas Gesundes,
solange es andere
   nicht krank macht.

Ernst R. Hauschka

220/10

30.   Oktober

Versagen darfst du,
aber nie aufgeben.

Mary Crowley

171/08

Vergiss nicht – man benötigt
nur wenig, um ein glückliches
Leben zu führen.

Marc Aurel

229/11

31.   Oktober

Nicht arme und reiche Menschen
soll das Jahrhundert
hervorbringen,
sondern zufriedene Menschen.

228/10

Das Glück
kommt zu denen,
die lächeln

149/07

1. November

Ich danke Dir, weil Du mich
    über meinen Schatten
springen lässt.

264/12

Wir brauchen viele Jahre,
    bis wir verstehen,
wie kostbar Augenblicke sein
    können.

Ernst Ferstl

254/12

2. November

Lachen und Lächeln sind Tor und
Pforte, durch die viel Gutes in den
Menschen hineinhuschen kann.

Christian Morgenstern

299/14

Öffnet man die Augen,
so wird jeder Tag zum Erlebnis.

Oskar Kokoschka

301/14

3. November

Wohin wir auch blicken,
überall entwickeln sich die Chancen
aus den Problemen.

Nelson A. Rockefeller

309/14

Trösten ist eine Kunst des Herzens.
Sie besteht oft nur darin, liebevoll zu
schweigen und schweigend mitzuleiden.

Otto von Leixner

316/14

4. November

Ein treu Gedenken, lieb Erinnern,

das ist der goldne Zauberring,

der auferstehen macht im Innern,

was uns nach außen unterging.

Jedes Jahrzehnt des Menschen hat sein eigenes Glück, seine eigenen Hoffnungen und Aussichten.

Johann Wolfgang von Goethe

Zufrieden sein
ist große Kunst,
zufrieden scheinen
bloßer Dunst,
zufrieden werden
großes Glück,
zufrieden bleiben
–Meisterstück!

6. November

7. November

Goldenes
Geburtstags-ABC

Alles Schöne,
alles Gute, alles Glück
auf dieser Welt

Bleib' gesund
und bleibe fröhlich,
tue das, was Dir gefällt

Charmant bleib'
immer, so wie Du bist,
ganz gleich wie alles
um Dich ist

Denn in der Liebe zu den anderen lernt man, Gott zu lieben, indem man sich zum Nächsten niederbeugt, erhebt man sich zu Gott.

Papst Franziskus

Liebevolles Aneinanderdenken schafft ein Band der Einheit. Liebe meint, jemanden Achtung entgegenzubringen, achtsam sein dafür, was der andere braucht, und sich dafür einsetzen, dass er das Nötige bekommt.

Sonne und Schild

10. November

Im "Herzlichen Glückwunsch"
da liegt alles drin:
Viel Glück und viel Freude
im fröhlichen Sinn;
erfolgreiches Streben
und tüchtiges Wagen;
und Freude am Leben
in kommenden Tagen!

11. November

Glück

Was ist Glück, wird mancher fragen,
ganz so leicht kann man's nicht sagen.

Kann man's sehen oder spüren?
Kann man's gewinnen, auch verlieren?
Kann man es halten oder schenken?
Wie soll man darüber denken?
Kann man's greifen, sogar hören?
Kann man es vielleicht vermehren?

Niemand weiß genau zu sagen: Was ist Glück?
Wen kann man fragen?

Des einen Glück, des anderen nicht,
es kommt drauf an, aus welcher Sicht.

Wer Unglück kennt, weiß Glück zu schätzen.
Glück ist Ruhe, nicht nur hetzen.
Glück ist Sonne, wenn es regnet.
Glück ist Regen, wenn es dörrt.
Glück ist, wenn man Glück begegnet.
Glück ist jedes liebe Wort.
Glück ist auch, gesund zu sein.
Glück hat, wer nicht ist allein.

Glück ist auch ein Freund im Herzen,
der da ist stets bei großen Schmerzen.
Glück ist, morgens aufzustehen,
aufrecht durch den Tag zu gehen.

Denn weniger ist manchmal mehr,
Bescheidenheit tut Not so sehr.
Was man gibt, das kommt zurück,
am schönsten ist das kleine Glück.

Johannes 8.7 Es steht den Sündern nicht zu, **andere Sünder zu maßregeln.** Im Gegenteil, Jesus verbietet uns, **den Nächsten zu richten.**

Mt. 7.1

13. November

14.   November

15.   November

Perspektiven

Das große Glück, noch klein zu sein,
sieht mancher Mensch als Kind nicht ein.
Und möchte, dass er ungefähr,
so sechzehn oder siebzehn wär!

Doch schon mit achtzehn denkt er: Halt!
Wer über zwanzig ist, ist alt.
Kaum ist die zwanzig knapp geschafft,
erscheint die Vierzig greisenhaft.

Und dann die Vierzig, welche Wende!
Die Fünfzig gilt beinah als Ende.
Doch nach der Fünfzig -peu a peu-
schraubt man das Ende in die Höh'!

Die Sechzig scheint noch ganz passabel
und erst die Siebzig miserabel!
Mit Siebzig aber hofft man still,
ich werde achtzig, so Gott will!

Und wer die Achtzig überlebt,
zielsicher auf die Neunzig strebt!
Dort angelangt, zählt er geschwind,
die Leute, die noch älter sind.

16.   November

Fürs neue Lebensjahr
wünsche ich Dir so viel Glück,
wie der Regen Tropfen hat,
so viel Liebe
wie die Sonne Strahlen hat
und so viel Gutes
wie der Regenbogen Farben hat.

17.   November

Was wünsch ich Dir denn heut'
  Wo Du Geburtstag hast?
  Ich wünsch Dir gute Zeit
  Und wenig Lebenslast.

Ich wünsch' Dir frohe Tage,
Zufriedenheit und Glück,
Humor in jeder Lage,
Gelassenheit am Stück.

Dies alles und noch mehr,
schenk' Gottes Güt' Dir ein.
Es soll kein Tag Dir leer –
ein jeder soll gesegnet sein.

FREUNDE

sind wie Engel!

Man sieht sie nicht, aber sie sind immer für Dich da!

19. November

Gebt niemals das Weinen auf! Weinen über die eigene Untreue, weinen über den Schmerz der Welt, weinen über die Menschen, die weggeworfen werden, über die verlassenen Alten, über die ermordeten Kinder, über die Dinge, die wir nicht verstehen: Weinen, wenn man uns fragt „Warum"!

Papst Franziskus

Selbst die aller-schlechteste christliche Welt würde ich der besten heidnischen Welt vorziehen, weil es in einer christlichen Welt Raum gibt für die, denen keine heidnische Welt je Raum gab: für Krüppel und Kranke, Alte und Schwache; und mehr noch als Raum für sie: Liebe für die, die der heidnischen Welt nutzlos erschienen und erscheinen.

Heinrich Böll, Schriftsteller

21. November

Bitten wir den Herrn um die Gnade, einfache und demütige Menschen zu sein, um die Gnade, weinen zu können, um die Gnade, sanftmütig zu sein, um die Gnade, uns für Gerechtigkeit und Frieden einzusetzen und vor allem um die Gnade, Vergebung von Gott zu empfangen, um Werkzeuge seiner Barmherzigkeiten zu werden.

Das haben die Heiligen getan, die uns in die himmlische Heimat vorausgegangen sind.

Papst Franziskus

22.   November

Gehe gelassen durch das Lärmen und Hasten und vergiß nicht, welcher
Friede im Schweigen sein kann. Stelle dich, soweit das ohne Kapitulation
möglich ist, gut mit allen Leuten. Sage deine Meinung ruhig und klar –
und höre anderen zu, selbst den Einfältigen und Unwissenden; auch sie
haben etwas zu sagen. ✳ Meide die Lauten und Aggressiven, sie sind
eine Plage für Geist und Seele. Wenn du dich mit andern vergleichst,
wirst du vielleicht hochmütig oder verbittert; denn es wird immer
Größere und Geringere geben als dich. Freue dich an deinen Leistungen
wie an deinen Plänen. ✳ Vernachlässige deinen Beruf nicht, sei er
noch so bescheiden; er ist ein fester Halt in den Wechselfällen des Lebens. Sei vorsichtig in geschäftlichen Dingen; denn die Welt ist voller
Lug und Trug. Aber laß dich davon nicht blind machen für das Gute,
das es auch gibt; mancher kämpft für hohe Ideale, und überall ist das
Leben voll Heldentums. ✳ Sei du selbst. Vor allem heuchle keine
Zuneigung. Sprich auch nicht zynisch über die Liebe; denn angesichts
all der Schalheit und Ernüchterung ist sie unvergänglich wie das
Gras. ✳ Nimm den Rat der Jahre freundlich an, verzichte mit Anstand
auf die Freuden der Jugend. Stärke deine innere Kraft, damit du gegen
plötzliche Schicksalsschläge gewappnet bist. Aber quäle dich nicht mit
Hirngespinsten. Viele Ängste erwachsen aus Erschöpfung und Einsamkeit. Abgesehen von einer heilsamen Selbstdisziplin geh gelinde mit dir
um. ✳ Du bist ein Kind des Universums, nicht geringer als die Bäume
und die Sterne; du hast ein Recht dazusein. Und ob du's begreifst oder
nicht, das Universum entfaltet sich unleugbar, wie es soll. ✳ Deshalb
lebe in Frieden mit Gott, was du dir unter ihm auch vorstellst, wie hart
du auch arbeitest, wonach du auch strebst; in dem lärmenden Wirrwarr
des Lebens halte Frieden mit deiner Seele. ✳ Trotz allen Blendwerks,
aller Plackerei und aller zerbrochenen Träume ist es eine schöne Welt.
Sei auf der Hut. Kämpfe um dein Glück.

23.   November

Jeder, der sich
die Fähigkeit erhält,
Schönes zu erkennen,
wird nie alt werden.

Franz Kafka

Ein gutes Los
für jeden Tag

24.   November

Ich bin nicht, was ich tue.

Ich bin nicht, was ich habe.

Ich bin nicht, was andere
über mich sagen.

Ich bin ein geliebtes
Kind Gottes.

Das ist es, was ich bin.

Niemand kann mir das
nehmen.

Ich brauche mich nicht
zu sorgen.

Ich muss nicht hetzen.

Ich kann meinem Freund
Jesus vertrauen
und seine Liebe mit der
Welt teilen.

Danklied am Geburtstag

Auf des neuen Jahres Schwelle
hebe ich zu dir die Hände,
dessen Liebe sonder Ende
mich bis hierher hat gebracht.

Welchen Segen, welch' Erbarmen,
welche Freundlichkeit und Gnade
ließest du auf meine Pfade
niederstrahlen immerdar!
Ja, du trägst mich auf den Armen,
und mit Freude und Vertrauen
kann ich nun hinüberschauen
in das neue künft'ge Jahr.

Bleib' nur du in meinem Herzen,
halt mich dir nur fest verbunden,
dann gehör'n mir alle Stunden
und Vergang'nes drückt mich nicht.
Magst du dann auch Gram und Schmerzen,
auch Verlust und Leid mir schicken –,
die auf dich vertrauend blicken,
stehn, ob Alles um sie bricht.

Ich befehle, Hirt der Herden,
Leib und Seele deinen Händen.
Alles Übel wollst du wenden
und mich leiten immerdar.
Immer völliger zu werden,
immer mehr vom Geist getrieben,
führ mich selbst und meine Lieben
gnädig auch im neuen Jahr.

Nach Victor v. Strauß

26.   November

Gebet

Herr,
du hast mich geleitet durch das vergangene Jahr.
Schönes und Gutes hat es in dieser Zeit gegeben,
aber auch Schweres und Bedrückendes.
Laß mich beides annehmen aus deiner Hand.

Viele Menschen sind mir begegnet.
Du kennst sie alle.
Laß mich in ihnen allen meine Geschwister erkennen,
weil sie alle deine Kinder sind.

Vor mir liegt ein neues Jahr.
Ich weiß nicht, was es bringen wird.
Aber ich weiß,
daß jeder Tag mich näher zu dir bringt.
Denn du gehst an meiner Seite durch die Zeit.

Öffne mir Augen, Ohren und Herz für deine Gegenwart.
Behüte mich davor,
deine Gnade und Barmherzigkeit zu übersehen.
Erhalte mir die Gnade des Staunens
und die Gnade des Freuens.
Und laß mich dankbar bleiben!

Amen

Jesus sagt allen: Der Weg zu echter Größe heißt Dienen. Die Mahnung Jesu wird für mich so zur Verheißung: Indem du anfängst zu dienen, **wirst du Größe gewinnen.**

Impulse

28.   November

Ich wünsche dir

Ich wünsche Dir offene Augen,
in denen der Himmel sich spiegeln kann.
Nur wenn sie zur Offenheit taugen,
zieh'n sie ein anderes Augenpaar an!

Ich wünsche Dir offene Ohren,
zu lauschen dem Wort, dem Gesang.
Als Hörender bist Du erkoren,
Glück zu erfahren durch Klang!

Ich wünsche Dir offene Arme,
in denen sich Freundschaft beweist,
und dass Dein Verstand nicht verarme,
auch einen aufgeschlossenen Geist!

Ich wünsche Dir offene Sinne,
es öffne Dein Herz sich ganz weit,
wie einst bei den Sängern der Minne,
die Laute zum Klingen bereit!

Sich öffnen, das mag dazu führen,
dem anderen entgegen zu gehen.
Dann wird vor verschlossenen Türen,
kein Mensch mehr als Fremder stehen!

Elli Michler

335

Einmal statt aus sich heraus in sich gehen. Einmal statt außer sich ganz bei sich sein. Einmal statt aus dem Gleichgewicht zur Mitte kommen und eins sein mit dem Einen: **Ich in dir, Du in mir.**

Sonne und Schild

Lass es Liebe sein, wenn wir unsere Urteile bedenken. **Lass es Liebe sein**, wenn wir nach dem Grund unserer Worte suchen. **Lass es Liebe sein**, wenn wir auf Menschen zugehen und ihnen die Hand reichen.

Impulse

1. Dezember

Hätt`einer auch fast mehr Verstand

als wie die drei Weisen aus Morgenland,

und ließe sich dünken, er wäre wohl nie

dem Sternlein nachgereist, wie sie;

dennoch, wenn nun das Weihnachtsfest

seine Lichtlein wonniglich scheinen läßt,

fällt auch auf sein verständig Gesicht,

er mag es merken oder nicht,

ein freundlicher Strahl

des Wundersternes von dazumal.

2. Dezember

Ein Lichtlein
wird neu angezündet
das sich mit allem
Glück verbündet.

Weihnachtstage - frohe Zeit,
am schönsten ist's, wenn's draußen schneit.
Glücklich machen, Freude schenken
und auch an jene denken,
die schon oft die heil'ge Nacht
von Einsamkeit bedrückt verbracht.
Das neue Jahr sollt'
allerwegen Frieden bringen,
Glück und Segen.

3. Dezember

WEIHNACHTEN

in Luxemburg!

Das Christkind sorgt zu Weihnachten
dafür, daß die Kinder pünktlich ihre
Geschenke bekommen.
In Luxemburg heißt das Christkind
„Chrëschtkand". Alle Kinder
erwarten es voller Ungeduld.

4. Dezember

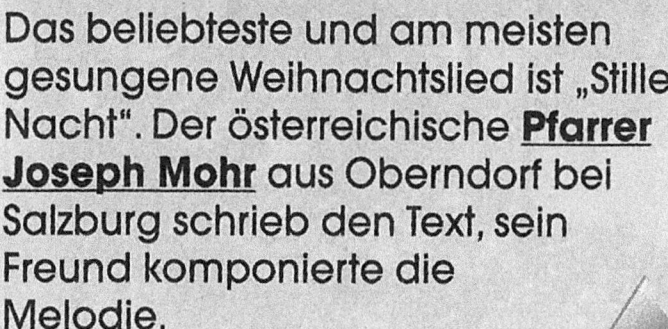

WEIHNACHTEN

in Österreich!

Das beliebteste und am meisten gesungene Weihnachtslied ist „Stille Nacht". Der österreichische **Pfarrer Joseph Mohr** aus Oberndorf bei Salzburg schrieb den Text, sein Freund komponierte die Melodie.

5. Dezember

WEIHNACHTEN
in Deutschland!

Weihnachtsmärkte haben in vielen Städten Deutschlands die Herzen von groß und klein erobert.
Der bekannteste Markt, der jährlich Tausende von Menschen verzaubert, ist der **Nürnberger Christkindlesmarkt.**

6. Dezember

Am Fest der Feste -
IN GLÄNZENDER
STIMMUNG!
Nur Engelsflügel glänzen schöner.

7. Dezember

WEIHNACHTEN
in Polen!

Überall in der Welt, wo Weihnachten gefeiert wird, steht das fest-
liche Essen im Mittelpunkt.
Aus Polen stammt die beliebte
Weihnachtsgans – liebevoll
zubereitet nach Mutters
bestem Rezept.

8. Dezember

WEIHNACHTEN
in Europa!

Von Land zu Land sind die Sitten und Bräuche verschieden. Doch für alle ist Weihnachten das Fest der Freude.

9. Dezember

WEIHNACHTEN
in England!

Wenn die Kinder in England am Heiligabend schlafen gehen, hoffen sie, daß der Weihnachtsmann auch alle ihre Wünsche erfüllen wird. Bescherung ist dann erst am frühen Morgen des 25. Dezembers.

10. Dezember

Weihnachten ist
DAS SCHÖNSTE
FEST DER WELT!

11. Dezember

Man freut sich

ÜBERALL AUF WEIHNACHTEN!

12.　Dezember

13.   Dezember

Die stillen Tage

Wir backen Plätzchen – hören Weihnachtslieder,
vier Kerzen schmücken unsren grünen Kranz.
Die stillen Tage - sie beginnen wieder,
die Welt erstrahlt im hellen Lichterglanz.
Verzaubert lauschen Kinder den Geschichten
von Jesu Christ - geboren einst im Stall.
Von seinen Wundern weiß man zu berichten,
sein Tun wirkt weiter hier und überall.
Zu seiner Ehr wird Geben groß geschrieben -
an Einsame und Kranke man jetzt denkt.
Man ist bereit den Nächsten auch zu lieben
und wird durch frohe Augen reich beschenkt.

Ach, dass der Frieden dieser stillen Tage
uns Menschen doch durchs ganze Leben trage.

Anita Menger

14.   Dezember

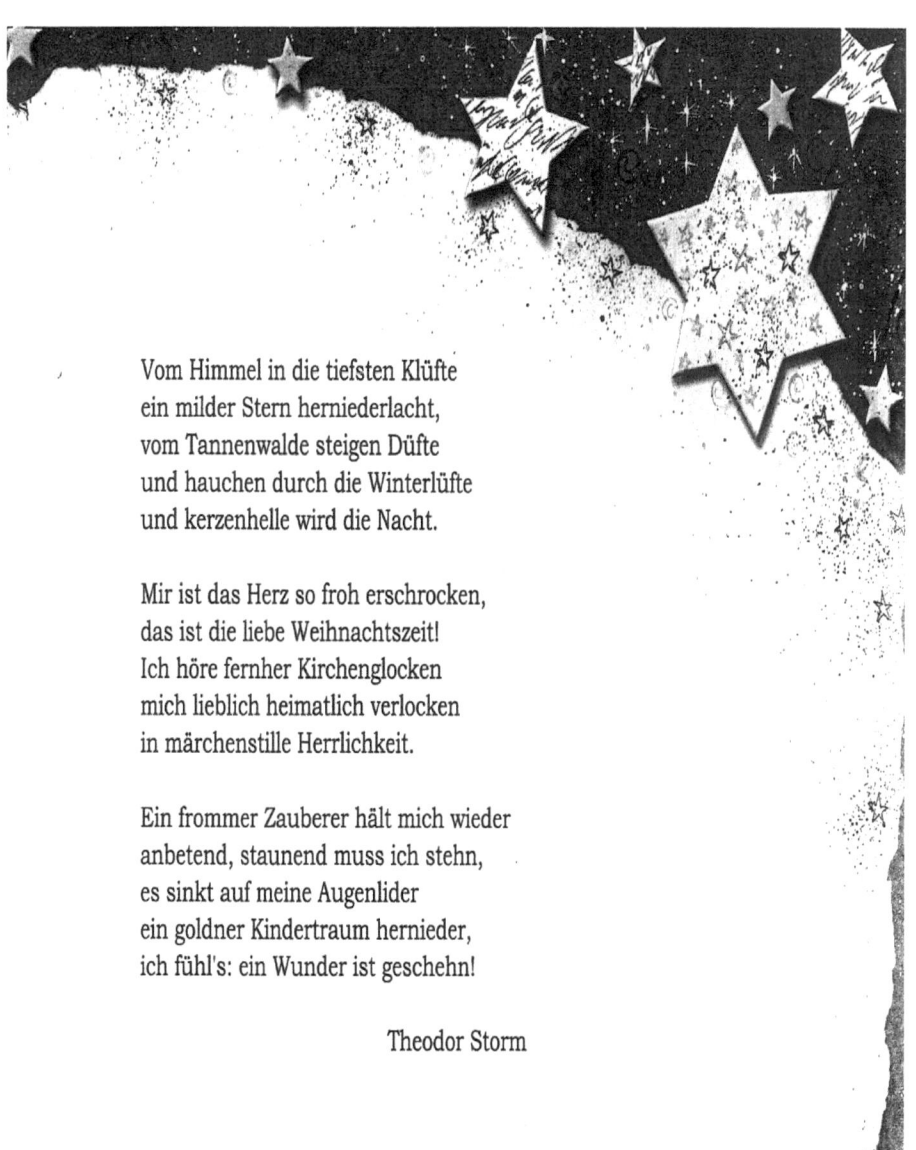

Vom Himmel in die tiefsten Klüfte
ein milder Stern herniederlacht,
vom Tannenwalde steigen Düfte
und hauchen durch die Winterlüfte
und kerzenhelle wird die Nacht.

Mir ist das Herz so froh erschrocken,
das ist die liebe Weihnachtszeit!
Ich höre fernher Kirchenglocken
mich lieblich heimatlich verlocken
in märchenstille Herrlichkeit.

Ein frommer Zauberer hält mich wieder
anbetend, staunend muss ich stehn,
es sinkt auf meine Augenlider
ein goldner Kindertraum hernieder,
ich fühl's: ein Wunder ist geschehn!

Theodor Storm

15.   Dezember

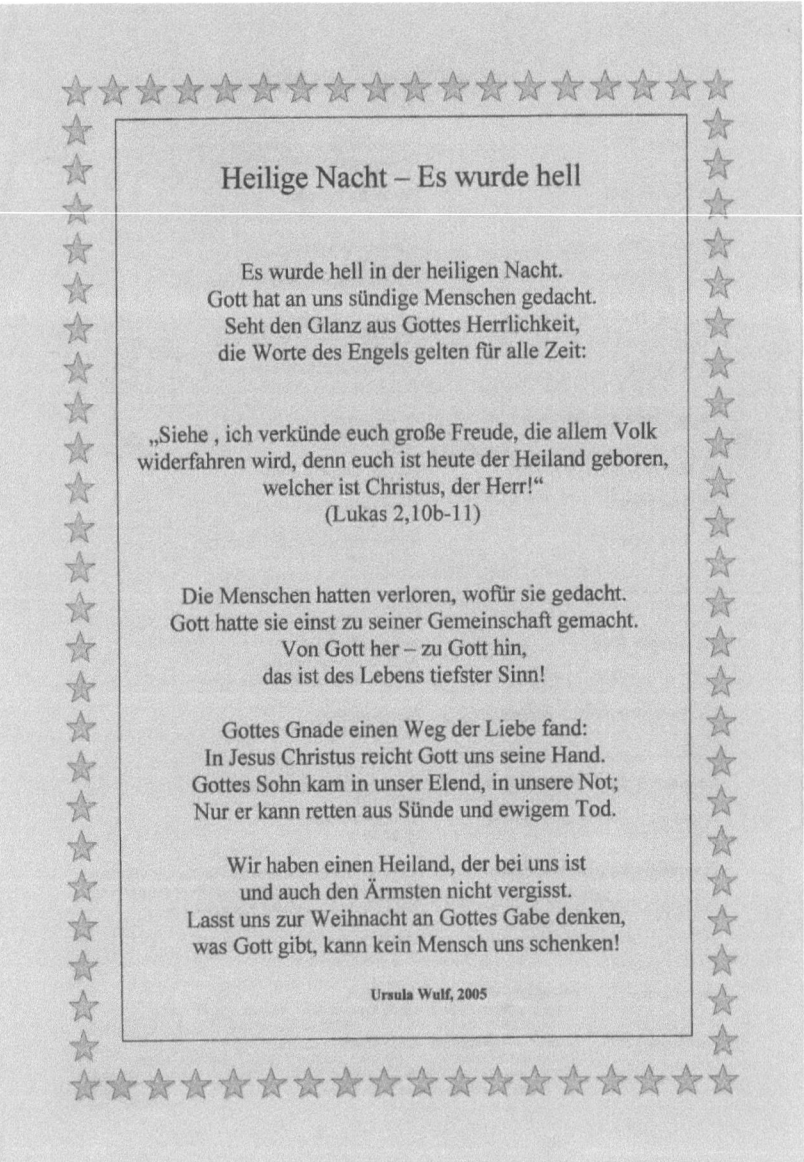

Heilige Nacht – Es wurde hell

Es wurde hell in der heiligen Nacht.
Gott hat an uns sündige Menschen gedacht.
Seht den Glanz aus Gottes Herrlichkeit,
die Worte des Engels gelten für alle Zeit:

„Siehe , ich verkünde euch große Freude, die allem Volk
widerfahren wird, denn euch ist heute der Heiland geboren,
welcher ist Christus, der Herr!"
(Lukas 2,10b-11)

Die Menschen hatten verloren, wofür sie gedacht.
Gott hatte sie einst zu seiner Gemeinschaft gemacht.
Von Gott her – zu Gott hin,
das ist des Lebens tiefster Sinn!

Gottes Gnade einen Weg der Liebe fand:
In Jesus Christus reicht Gott uns seine Hand.
Gottes Sohn kam in unser Elend, in unsere Not;
Nur er kann retten aus Sünde und ewigem Tod.

Wir haben einen Heiland, der bei uns ist
und auch den Ärmsten nicht vergisst.
Lasst uns zur Weihnacht an Gottes Gabe denken,
was Gott gibt, kann kein Mensch uns schenken!

Ursula Wulf, 2005

16.   Dezember

Besinnliches Fest

O Heiliger Abend mit Sternen besät,
wie lieblich und labend dein Hauch mich
umweht! Vom Kindergetümmel, vom
Lichtergewimmel schau auf ich gen
Himmel in leisem Gebet.

Karl Gerok,

17. Dezember

Euch ist heute der Heiland
geboren – Christus der Herr!

Lukas 2,11

Es bedrückt mich sehr, dass durch unseren Lebenswandel Gott unglaubwürdig werden könnte. Wenn wir Sonntags in den Gottesdienst gehen, aber an den anderen Tagen der Woche so leben als gäbe es keinen Gott. Dadurch wenden sich die Menschen von Gott ab, **weil sie sehen, dass so Gotteskinder nicht sein können!**

Sonne und Schild

18. Dezember

Die Weihnachtsgeschichte

Es begab sich aber zu der Zeit...

...dass ein Gebot von dem Kaiser Augustus ausging, dass alle Welt geschätzt würde. Und diese Schätzung war die allererste und geschah zur Zeit, da Quirinius Statthalter in Syrien war. Und jedermann ging, dass er sich schätzen ließe, ein jeder in seine Stadt. Da machte sich auf auch Josef aus Galiläa, aus der Stadt Nazareth, in das jüdische Land zur Stadt Davids, die da heißt Bethlehem, weil er aus dem Hause und Geschlechte Davids war, damit er sich schätzen ließe mit Maria, seinem vertrauten Weibe; die war schwanger.

Und als sie dort waren, kam die Zeit, dass sie gebären sollte. Und sie gebar ihren ersten Sohn und wickelte ihn in Windeln und legte ihn in eine Krippe; denn sie hatten sonst keinen Raum in der Herberge. Und es waren Hirten in derselben Gegend auf dem Felde bei den Hürden, die hüteten des Nachts ihre Herde. Und der Engel des Herrn trat zu ihnen, und die Klarheit des Herrn leuchtete um sie; und sie fürchteten sich sehr. Und der Engel sprach zu ihnen: Fürchtet euch nicht! Siehe, ich verkündige euch große Freude, die allem Volk widerfahren wird; denn euch ist heute der Heiland geboren, welcher ist Christus, der Herr, in der Stadt Davids. Und das habt zum Zeichen: Ihr werdet finden das Kind in Windeln gewickelt und in einer Krippe liegen. Und alsbald war da bei dem Engel die Menge der himmlischen Heerscharen, die lobten Gott und sprachen: Ehre sei Gott in der Höhe und Friede auf Erden bei den Menschen seines Wohlgefallens.

Und als die Engel von ihnen gen Himmel fuhren, sprachen die Hirten untereinander: Lasst uns nun gehen nach Bethlehem und die Geschichte sehen, die da geschehen ist, die uns der Herr kundgetan hat. Und sie kamen eilend und fanden beide, Maria und Josef, dazu das Kind in der Krippe liegen.

Als sie es aber gesehen hatten, breiteten sie das Wort aus, das zu ihnen von diesem Kinde gesagt war. Und alle, vor die es kam, wunderten sich über das, was ihnen die Hirten gesagt hatten. Maria aber behielt alle diese Worte und bewegte sie in ihrem Herzen. Und die Hirten kehrten wieder um, priesen und lobten Gott für alles, was sie gehört und gesehen hatten, wie denn zu ihnen gesagt war.

Wir machen Fehler, ja, wir haben Probleme, ja. Aber wir wissen, dass das nicht das Endgültige ist. **Liebe ist möglich unter uns, wenn wir versuchen, Konflikten nicht das letzte Wort zu überlassen.**

Papst Franziskus

Die Familie ist eine Schule der Menschlichkeit, eine Schule, die uns lehrt, uns die Bedürfnisse der anderen zu Herzen zu nehmen, aufmerksam zu sein auf das Leben der anderen.

Papst Franziskus

21.   Dezember

Sagt es leise weiter

Sagt es leise weiter,
sagt allen, die sich fürchten,
sagt leise zu ihnen:
fürchtet euch nicht,
habt keine Angst mehr,
Gott ist da.
Er kam in unsere Welt –
einfach, arm, menschlich.
Sucht ihn, macht euch auf den Weg.
Sucht ihn nicht hinter den Sternen,
nicht in Palästen,
nicht hinter Schaufenstern.
Sucht ihn dort, wo ihr arm seid,
wo ihr traurig seid und Angst habt.
Da hat er sich verborgen,
da werdet ihr ihn finden
wie ein Lichtschein
im dunklen Gestrüpp,
wie eine tröstende Hand,
wie eine Stimme, die leise sagt:
Fürchte dich nicht!

Peter Horst, Birgit Barth, Wilfried Grenz

22.　Dezember

Wer sind wir denn?

Herr, unser Herrscher, du bist hoch zu loben.
Du hast den Himmel geschaffen
und die Erde dazu.
Wir aber, deine Geschöpfe, maßen uns an,
dich verabschieden zu können,
dich, der dem Himmel, den niemand ausmisst,
seinen Glanz verlieh.
Niemand kann seine Lichtfülle ertragen,
niemand seine Tiefe ergründen.
Wer sind wir denn, wir,
die wir schon über lästiges Kindergeschrei
das Wunder der Geburt vergessen,
deiner Schöpfung stets neues Wunder.
Du bist so groß, dass alle Herrlichkeit der Welt
Sich in einem Kind spiegeln kann.
Du bist so mächtig, dass alle Macht der Welt
Vor einem Kind auf die Knie gehen wird.
Was sind wir für Geschöpfe,
was ist der Mensch?
Es fehlt nur wenig, er wäre Gott.
Gott bewahre uns davor, Gott sein zu wollen.
Lasst uns vielmehr Kinder werden.
Herr, unser Gott, wie herrlich bist du!

Kurt Wolff nach Psalm 8

23.   Dezember

Gedanken einer kleinen Kerze (Maria Radziwon)

»Wie schön! Ich wurde entzündet, und alle blicken in mein Licht. Die Menschen freuen sich an meiner Helligkeit, an der Wärme und Geborgenheit, die ich ausstrahle. Und ich freue mich, dass ich brennen darf. Denn sonst würde ich im Regal eines Geschäfts stehen und warten müssen, bis mich jemand kauft. Aber je länger ich brenne, desto kleiner werde ich. Ich weiß, dass es nur zwei Wege gibt:

Entweder ich bleibe im Regal, unangerührt und vergessen – oder aber ich brenne, werde kürzer und gebe alles, was ich habe. So führe ich das Ende meines Lebens herbei ...

24.   Dezember

„Wenn einer dem anderen Liebe schenkt,
wenn die Not des Unglücklichen gemildert wird,
wenn Herzen zufrieden und glücklich sind,
steigt Gott herab vom Himmel und bringt das Licht:
Dann ist Weihnachten."

(Weihnachtslied aus Haiti)

Der barmherzige Samariter half seinem Nächsten aus der Not. Und Jesus sprach:

„geh hin und handle ebenso!" Lukas 10, 30-37

26.   Dezember

In der Tat ist es nutzlos alle Heiligen Pforten
sämtlicher Basiliken der Welt zu öffnen,
wenn die Tür unseres Herzens für die Liebe
verschlossen ist, wenn unsere Hände sich
dem Geben verschließen, wenn unsere
Häuser der Gastfreundschaft verschlossen
sind und unsere Kirchen sich der Aufnahme
verschließen.
                  Papst Franziskus

27. Dezember

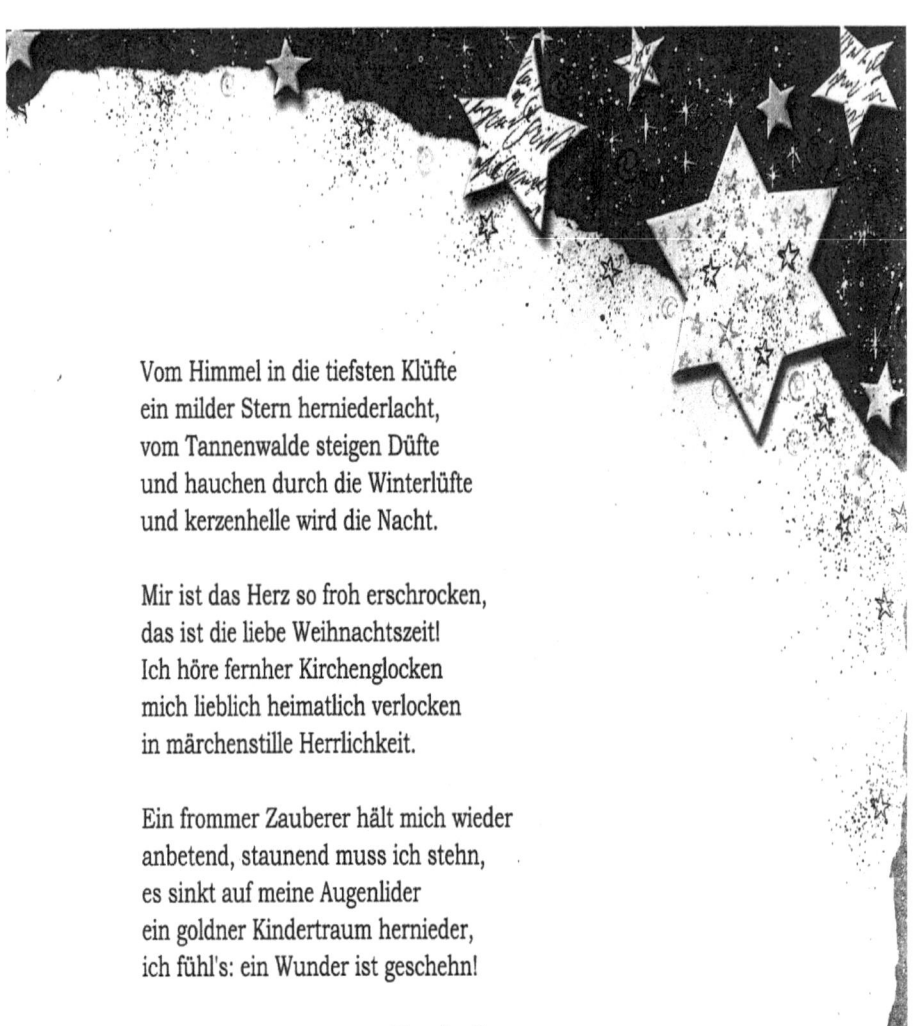

Vom Himmel in die tiefsten Klüfte
ein milder Stern herniederlacht,
vom Tannenwalde steigen Düfte
und hauchen durch die Winterlüfte
und kerzenhelle wird die Nacht.

Mir ist das Herz so froh erschrocken,
das ist die liebe Weihnachtszeit!
Ich höre fernher Kirchenglocken
mich lieblich heimatlich verlocken
in märchenstille Herrlichkeit.

Ein frommer Zauberer hält mich wieder
anbetend, staunend muss ich stehn,
es sinkt auf meine Augenlider
ein goldner Kindertraum hernieder,
ich fühl's: ein Wunder ist geschehn!

Theodor Storm

28.   Dezember

Das Jahr geht zu Ende,
die Kerzen verglühn,
doch das Licht leuchtet weiter in dir.

Gott kennt den ganzen Weg,
    wir wissen nur den nächsten Schritt
und das letzte Ziel.

Wer von Mitleid erfüllt ist, wird zuverlässig keinen verletzen, keinen beeinträchtigen, keinem wehe tun, vielmehr mit jedem Nachsicht haben, jedem verzeihen, jedem helfen, so viel er vermag, und alle seine Handlungen werden das Gepräge der Gerechtigkeit und Menschenliebe tragen.

Arthur Schopenhauer, Philosoph

30. Dezember

Entmutigungen kommen nie von Gott!

Wenn du glaubtest, so würdest du die Herrlichkeit Gottes sehen. Johannes 11, Vers 40

Foto: B. Bolanz

31. Dezember

Eine unvorstellbare
Herrlichkeit wartet
auf alle ...

die
GOTT
lieben!

1. Korinther 2, Vers 9

Foto: B. Bolanz

Die Erde hat Nahrung für alle, aber scheinbar fehlt der Wille, mit allen zu teilen. Wir sollten diese **inakzeptablen Ungerechtigkeiten** nicht vergessen.

Papst Franziskus

Was wir für Menschen beanspruchen, die uns nahestehen, können wir anderen nicht vorenthalten. Denn das Gebot der Nächstenliebe ist Gottes Gebot. Es gilt allen Geschöpfen ohne Unterschied und lässt sich nicht in Grenzen sperren.

Aus Sonne und Schild

Ein Jahr schließt seine Pforte.

Ein Kapitel unseres Lebens
geht zu Ende.

Herstellung und Verlag:
BoD - Books on Demand, Norderstedt
ISBN 978-3-7481-5563-8